1ª edição
5.000 exemplares
Setembro/2015

© 2015 by Boa Nova Editora

Capa e projeto gráfico
Juliana Mollinari

Diagramação
Juliana Mollinari

Revisão
Mary Ferrarini
Alessandra Miranda de Sá

Coordenação Editorial
Ronaldo A. Sperdutti

Todos os direitos estão reservados. Nenhuma parte desta obra pode ser reproduzida ou transmitida por qualquer forma e/ou quaisquer meios (eletrônico ou mecânico, incluindo fotocópia e gravação) ou arquivada em qualquer sistema ou banco de dados sem permissão escrita da Editora.

O produto da venda desta obra é destinado à manutenção das atividades assistenciais da Sociedade Espírita Boa Nova, de Catanduva, SP e do Instituto Educacional Espírita de São Leopoldo, RS.

1ª edição: Setembro de 2015 - 5.000 exemplares

APRENDENDO COM OS ESPÍRITOS

Rafael de Figueiredo pelos espíritos Lúcia e Frei Felipe

Instituto Beneficente Boa Nova
Entidade coligada à Sociedade Espírita Boa Nova
Av. Porto Ferreira, 1.031 | Parque Iracema
Catanduva/SP | CEP 15809-020
www.boanova.net | boanova@boanova.net
Fone: (17) 3531-4444

Dados Internacionais de Catalogação na Publicação (CIP)
(Câmara Brasileira do Livro, SP, Brasil)

Lúcia (Espírito).
  Aprendendo com os espíritos / pelos espíritos Lúcia e Frei Felipe ; [psicografado por] Rafael de Figueiredo. -- 1. ed. -- Catanduva, SP : Boa Nova Editora, 2015.

  ISBN 978-85-8353-034-3

  1. Espiritismo 2. Espiritismo - Doutrina 3. Espiritismo - Filosofia 4. Mediunidade 5. Psicografia I. Frei Felipe. II. Figueiredo, Rafael de. III. Título.

15-06869   CDD-133.901

Índices para catálogo sistemático:

1. Espiritismo : Doutrina espírita   133.901

SUMÁRIO

Algumas palavras 7
Observações rotineiras 13
Influência inconsciente 35
Exercitando o intercâmbio 47
Intercâmbio mediúnico 61
Mediunidade e animismo 81
Atividades ininterruptas 89
Influências perniciosas 109
Um caso de convulsão 125
Vida íntima dos médiuns 135
A obsessão começa em nós mesmos 145
Aprendizes do Evangelho 153

APÊNDICE

Texto 1
Mediunidade, uma relação natural 161
Texto 2
Crises emocionais com vinculação mediúnica 167

Texto 3
A sensibilidade que nos caracteriza como humanidade 173
Texto 4
Aspectos espirituais nas crises convulsivas e epilépticas 181
Texto 5
Meandros da mediunidade 187

Algumas palavras

De maneira orquestrada, a vida segue a sinfonia divina, nos motivando a aprender a fazer música celeste com os parcos instrumentos de que dispomos. Nossa audição pouco alcança as emissões sutis que carregam essa doce sonoridade. Convidados continuamente a encontrar nossa afinação íntima, vamos laboriosamente aprimorando nossas condições de músicos celestes, culminando, após largo esforço, por nos tornarmos intérpretes dessa mensagem transcendente.

Na medida em que encontramos harmonia em nossa intimidade, vamos nos tornando mais capacitados a espargir essas maviosas melodias em meio a multidões de almas oprimidas. Ao erigirmos o destino qual estátua imóvel e sombria, limitamos nossas possibilidades de trabalhar para o engrandecimento pessoal. As circunstâncias que nos moldam a existência têm estreita ligação com quem realmente somos e com o que realizamos durante nosso aprendizado mundano.

As repercussões exteriores que, por vezes, parecem tolher nossa liberdade de ação nos conduzem ao ingresso no coro divino, apontando a direção dos degraus que devemos galgar em franca escalada.

Somos nós os instrumentos de Deus, convidados diuturnamente a reproduzir na crosta a musicalidade que nos contagia, proveniente dos céus. Afinando os ouvidos da alma, nos capacitamos a reproduzir, por condições particulares, a magistral peça divina – mensagem essa que trata do amor fraterno ao semelhante, inspirando seus ouvintes a um elevado sentimento de altruísmo pela humanidade, transformando os antes hebetados seres humanos em instrumentos de renovação moral coletiva.

A faculdade mediúnica auxilia os espíritos, quando voltados às coisas divinas, a alcançar as frequências celestes onde reverberam as sinfonias de que falamos. Permitindo o contágio, somos invadidos por sentimento motivador que nos faculta o ânimo de esquecer nossas torpezas morais para nos esforçarmos por fazer com que outros, igualmente, ouçam a sinfonia que nos impregna, ainda que de modo tímido. Só assim nos capacitamos a reproduzir, ainda de maneira imperfeita, a trama divina sobre a crosta.

A mediunidade afina os ouvidos da alma facultando-nos a possibilidade de optar pelo melhor caminho a seguir. Ferramenta útil, não é ela, porém, que promove a transformação humana, enquanto apenas concorre para isso. É, pois, a vontade, potencialidade inerente ao espírito e que somente por ele pode ser conduzida, que dirige os rumos de nosso progresso.

Com amplas implicações biológicas, a sensibilidade mediúnica vale-se da execução de planejamento prévio para manifestar-se no ser humano. Apesar de a sensibilidade ser uma conquista espiritual, seu enraizamento no invólucro carnal carece, na ampla maioria das oportunidades, de concurso especializado por parte de geneticistas desencarnados para sua mais grata apresentação. Facultando melhor audição para as coisas espirituais, necessita de ampla orientação para que saibamos em que canal sintonizar com proveito nossa atenção.

Concorre, simultaneamente, para nosso despertar íntimo e o parcelamento de dívidas atrozes contraídas no decorrer das existências. Quando as condições já existem, não deixamos de realizar prévia e laboriosa preparação para abraçar com seriedade a responsabilidade que nos é outorgada. Se assim não ocorre, somos socorridos por meio de esclarecimentos oportunos que nos batem à porta espontaneamente. Jamais nos encontramos desamparados. Somos todos iguais perante o olhar divino, trazemos na intimidade o gérmen do mediunismo, podendo facultar-lhe fim útil pelo amplo empenho da vontade.

A franca maioria dos indivíduos que ressurgem na roupagem carnal apresentando a sensibilidade mediúnica em estado latente teve a opção de refletir, estudar e aprender na espiritualidade, objetivando aproveitar a oportunidade recebida. Dependendo da forma como lidarem com essa sensibilidade, terão sempre a oportunidade de mais amplas orientações e inspirações por parte daqueles que os acompanham espiritualmente. Somente quando nossa vontade migra a potenciais negativos de empreendimento em proveito da sensibilidade mediúnica é que nos encontramos sem a devida base de sustentação para a construção renovadora em nós mesmos, a depender exclusivamente de nossa vontade ativa.

Procurando destacar essa realidade de forma mais clara

aos companheiros atualmente encarnados, nos deteremos em refletir sobre essa preparação anterior à reencarnação no que diz respeito à utilização da sensibilidade mediúnica com fins de desenvolvimento íntimo, procurando enfatizar a oportunidade que se apresenta ao nosso progresso e a possibilidade meritória de que os indivíduos que conosco convivem também possam despertar para esses valores.

Com essa finalidade, não deixaremos de intervir na narrativa promovendo mais amplo debate sobre as questões fundamentais da mediunidade como instrumento essencial para mapeamento de nossa intimidade. Aos estimados companheiros não deixamos normas ou diretrizes para um voo seguro; salientamos apenas a necessidade de explorar profundamente a realidade que erigimos para viver procurando valer-nos de exemplos e reflexões alheias para a construção equilibrada dos meios de alcançarmos êxito nos labores da mediunidade com Jesus.

Vamos encontrar dedicada turma de aprendizes do Evangelho em ativa excursão de observação na crosta. Em muitas comunidades organizadas da espiritualidade existe mais ampla possibilidade de encontrarmos grupos de assistência especializada ofertando orientações e preparando desencarnados com vistas a novas perspectivas reencarnatórias. São grupos de pequeno e médio porte sempre velados por assistentes experientes, preferencialmente que já tenham vivenciado situações similares com o planejamento reencarnatório dos estudantes.

Não consta que esses orientadores devam ser criaturas distantes da condição dos estudantes. Para a necessária afinidade e o melhor proveito entre os envolvidos é salutar que exista um entrosamento equilibrado entre os membros. É assim que, ao contrário do que normalmente pensam os leitores encarnados, deparamos com professores que muito erraram na espiritualidade, pois estes aprenderam que somente se progride quando existe a oportunidade de errar. Pela experiência que adquiriram, puderam conhecer melhor as alternativas de direcionamento que deveriam priorizar em novas oportunidades. As experiências que os erros abraçados possibilitaram são a mais valiosa contribuição que esses espíritos podem proporcionar aos aprendizes.

Compreendemos que quem acerta sem quedas não tem a oportunidade de aprender a causa dos acertos. Já por meio dos equívocos se tem a oportunidade de mais profunda lapidação da personalidade integral, facilitando uma profunda incursão consciente nos meandros de nossa individualidade, gabaritando assim esses orientadores, pela experiência que adquiriram, a vislumbrar melhor quais serão os possíveis tropeços de seus aprendizes no futuro, e igualmente tornando-os mais tolerantes com as falhas, que nos servem de eficiente instrutora.

Polidoro é um desses respeitáveis orientadores. Abraçou a mediunidade ativa por várias encarnações, e muito errou até que alcançasse nível agradável de entendimento quanto a sua individualidade. Sentindo-se na obrigação de dividir esse aprendizado, candidatou-se, com amplos recursos, à orientação de novos companheiros que reencarnariam desejosos de fazer da mediunidade um portal de aprendizado íntimo.

Esse mesmo Polidoro, atuando incansavelmente, ofertando reflexões construtivas aos candidatos à nova encarnação, busca fornecer subsídios mais amplos ao entendimento da valiosa ferramenta em que a mediunidade se constitui. Induzindo seus pupilos à interiorização de valores morais e à compreensão meticulosa, facilita a erupção posterior de tais questões como compreensão inata quando do exercício da mediunidade na encarnação planejada. Essa é sua função: auxiliar o candidato à reforma moral íntima e compreensão do planejamento abraçado, facilitando a aproximação de espíritos afins e familiares que no futuro conviverão intensamente com os aprendizes em suas atividades durante o exercício mediúnico.

Como estes, há inúmeros outros que, similarmente, respeitando a individualidade e as condições de cada um, procuram oferecer subsídios valiosos à proposta reencarnatória que cada um de nós abraça. Deixo-os com as impressões que sensibilizaram o éter apontando a trajetória de nossos irmãos, na esperança de que sejam úteis para uma mais apurada reflexão.

Observações Rotineiras

A cortina se abre e o primeiro ato de nossa história começa em uma ampla sala de reuniões, onde uma dezena de companheiros encarnados dialoga aguardando o momento de se colocar à disposição dos comunicantes desencarnados. Estamos em um grupo espírita de abastança material, com sede própria em cidade cuja localização não importa.

Esse grupo fechado expõe aos nossos olhares percucientes a equivocada pretensão desposada pelos participantes encarnados: crer que fazem parte de um evento de proporções mágicas, reincidindo na convicção de que são criaturas especiais, dotadas de mais ampla compreensão que os demais seres humanos.

Em ângulo acanhado da sala, aguardando o início das tarefas, encontra-se Polidoro junto do seu pupilo e aprendiz Izidro. Alguns minutos são gastos até que os encarnados se acomodem definitivamente em suas cadeiras. A grande mesa de madeira que os coloca frente a frente se encontra limpa, e somente um volume de *O Evangelho segundo o Espiritismo* está nela depositado.

— Meus irmãos, aqui estamos nós, mais uma vez, agradecidos a Deus pela oportunidade que nos oferta de encontrarmos o remédio da utilidade, mesmo com os reduzidos recursos de que dispomos para ofertar. Senhor, que possamos brindar nossa noite de atividades com o júbilo da esperança e auxiliá-Lo em suas tarefas. — O companheiro encarnado responsável pela reunião noturna abriu as atividades da noite com essas palavras. — Que se aproximem os primeiros manifestantes da noite para receber os ensinamentos de Jesus.

Em nosso plano, inúmeros agentes operosos se movimentavam no sentido de aproveitar, ao máximo, a disponibilidade dos companheiros momentaneamente encarnados. Uma extensa fila de necessitados se estendia pelas dependências do lugar. Eram irmãos nossos falidos perante a própria consciência, que, sem compreenderem a situação em que se encontravam, aguardavam uma oportunidade de esclarecimento e reconforto na expectativa de novamente se sentirem próximos dos fluidos materiais para o despertamento integral de suas faculdades obliteradas.

Entretanto, não era para essa imensa massa de aflitos irmãos que o momento se destinaria. Reiteradas vezes, o doutrinador evocou espíritos endurecidos que não tinham a menor disposição de mudar de atitude ou de rever sua forma de levar a vida. Somente o tempo e as aflições transformariam esses companheiros endurecidos. Frustrando, assim, as expectativas de serviço benéfico aos sofredores desencarnados, mais uma vez a soberba humana invadia a compreensão acanhada de nossos companheiros de labores mediúnicos. Acreditavam-se em condições de ditar as normas para atendimento e achavam ser portadores dos mais altos valores morais adquiridos. Exigiam a presença de vingativos obsessores porque se sentiam preparados para esse contento, como se houvesse mais mérito nessa atividade.

Víamos o nobre esforço que os operosos trabalhadores espirituais do grupo faziam para dissuadir o responsável pela orientação da atividade entre os encarnados. A programação deveria incluir, preferencialmente, os necessitados que lá estavam em espera. A manifestação de alguns poucos beneficiaria algumas centenas.

Ângelo, o responsável desencarnado pela atividade, procurava sugestionar o doutrinador para que mudasse os planos. Infelizmente, para as atividades programadas, a pauta não seria atendida. A impermeabilidade do grupo era tamanha, que nenhum outro componente encarnado conseguiu perceber, sequer sutilmente, os apelos em proveito da manutenção da pauta tramada na espiritualidade.

A frustração estampava-se no rosto de alguns amigos espirituais menos habituados às lides mediúnicas. Ângelo, experiente nessas questões, solicitou aos enfermeiros:

— Por favor, meus queridos irmãos, nossa tentativa foi mais uma vez frustrada. Peço que com agilidade movimentem nossos enfermos a local seguro, onde não sejam importunados pelas vibrações dos infelizes visitantes que aqui são chamados.

Tudo isso ocorrera em alguns rápidos minutos. Conhecedor do estado do grupo que inspirava, Ângelo já estava preparado para essa ocorrência de antemão. Alguns hábeis vigilantes suportavam, por enquanto, as incursões desordeiras tentadas pelos manifestantes desencarnados que eram clamorosamente solicitados. Tudo preparado, e a passagem foi liberada. Um grupo de ociosos e galhofeiros foi o primeiro a se aproximar dos médiuns.

— Sejam bem-vindos, meus irmãos – falou o doutrinador.

Abruptamente se acotovelavam, cercando os aparelhos biológicos pelos quais iriam ser ouvidos entre os encarnados. Falavam, riam e gritavam desordenadamente e ao mesmo tempo.

— O que quer? – respondeu o primeiro comunicante que conseguiu se expressar por intermédio de um médium.

— Digam-me vocês: por que estão aqui? – indagava o doutrinador, crente de estar fazendo seu papel de pastor de ovelhas desgarradas.

— Ora essa, você nos chama e vem com esse papo – respondeu irritado o desencarnado.

— Meus caríssimos irmãos, creio que não identificaram o motivo de terem sido trazidos até aqui na noite de hoje, mas vou lhes esclarecer: é para que abram seus corações para as palavras do Cristo.

Apupos e gargalhadas franquearam no salão, fazendo eco.

— Sim, essa é boa. Você nos chama aqui e depois vem dizer essas baboseiras – ralhou o espírito desencarnado, mais consciente das particularidades do intercâmbio que ocorria do que o próprio encarnado que lhe havia solicitado a presença.

— Sei que ainda estão muito cegos para compreender a verdade, mas oraremos para que vocês deixem o mal – afirmou confiante o encarnado.

— Só pode estar maluco. Eu vou embora, e vê se não fica mais nos chamando.

Apesar da quebra de planejamento provocada pela vontade do grupo em tratar com espíritos endurecidos, não deixavam de contar com vigilante amparo dos trabalhadores espirituais do centro espírita. Receberiam conforme a sintonia, mas evitar-se-ia, ao possível, que efeitos mais graves tivessem ali repercussões.

Ângelo aproximara-se de nós.

— Polidoro, boa noite – falou solícito.

— Boa noite. Eis Izidro, meu acompanhante nesta noite – apresentou cortesmente o instrutor ao responsável desencarnado pelo agrupamento espírita. Após as apresentações, seguiu-se esclarecedora conversação.

— Veja o que terá de enfrentar em sua próxima encarnação, meu amigo – falou Ângelo apontando com os olhos para o que ocorria. – Pretendíamos nos servir dos limitados recursos disponíveis para fomentar aprendizado útil e proveitoso para necessitados de ambas as esferas de ação, porém, agora devemos nos preocupar com a situação de nossos enfermos encarnados.

As manifestações desequilibradas seguiam minuciosamente sendo avaliadas e comentadas por Polidoro e seu pupilo. Alguns instantes mais, e outra médium, senhora de distinta aparência, passou a se manifestar.

— Seu cretino. Como ousa me chamar aqui? Quem pensa que é? Seu biltre – o vocabulário nada possuía de sua aparente educação.

As palavras seguiam sendo proferidas entre gritos e expressões vulgares, ao que o doutrinador não deixava por menos e respondia à altura, admoestando com a imposição de palavras de ordem. Cena constrangedora de se ver.

Ao lado da médium que servia de intérprete, um desencarnado se contorcia em gargalhadas com a situação que provocara. Permanecia vinculado mentalmente à médium, mas somente dera o primeiro impulso, possibilitando que, sob a cortina da mediunidade, a companheira encarnada falasse tudo o que de fato pensava de seu companheiro de tarefas. A manifestação era íntima, e não do desencarnado. O doutrinador, ferido no orgulho, respondia à altura. Outras manifestações seguiram no mesmo rumo.

Cansados, os médiuns deram por encerradas as atividades da noite no que dizia respeito ao atendimento de obsessores "perigosos" – pelo menos essa era a visão que possuíam da atividade da qual tomavam parte. Em verdade, perigosa era a postura que adotavam convivendo com espíritos galhofeiros. O desequilíbrio íntimo que traziam lhes impossibilitaria, por completo, qualquer contato construtivo com espíritos obstinados no erro e de inteligência desviada. Até agora haviam podido ser amparados e protegidos por seus companheiros desencarnados, mas as reiteradas petições e a mentalidade que alimentavam estavam tornando insustentável esse auxílio prestativo.

Passariam, agora, ao espaço reservado para as manifestações dos orientadores espirituais. Trabalhando ardentemente, um orientador do grupo conseguiria alcançar razoável espaço para encontrar ressonância na intimidade do médium menos experiente do grupo, essa era a expectativa.

— Boa noite, meus caríssimos companheiros. Venho, mais uma vez, reiterar o pedido para que ouçam a voz de suas próprias consciências no sentido de que atendam os irmãos aflitos que aguardam a oportunidade de uma salutar aproximação mediúnica, que proporcionará benefício para todos os envolvidos. Não queiram preparar pautas de atividades que não lhes pertencem. Esse é o apelo que deixamos com a esperança de sermos ouvidos. Que Jesus os abençoe, meus irmãos.

Apesar da manifestação alcançada, o clima no ambiente seguia o mesmo.

— Por que as expressões desanimadoras? – indagou Izidro a Polidoro. – Não conseguiram êxito?

— Espere e verá, meu filho – foi a resposta lacônica do orientador.

Em seguida, outra manifestação ocorreu:

— Irmãos da causa cristã, venho conclamar vocês à batalha árdua e cheia de percalços. Quero lembrar-lhes a necessidade de que estejam todos vigilantes com relação às insinuações das sombras; o perigo é iminente. — Enquanto o médium se manifestava, o responsável encarnado refletia sobre a mensagem anterior obtida por intermédio do rapaz menos experiente do grupo no que dizia respeito à mediunidade.

— Onde está esse comunicante desencarnado que não o percebo? – indagou Izidro ao companheiro.

— Não está – disse Polidoro.

— Então...

— Exatamente, é o médium que dá a manifestação conforme suas convicções – explicou Polidoro enquanto as atividades mediúnicas seguiam.

— E ele sabe disso? – questionou Izidro.

— Sim e não. Desconfia, mas jamais admitiria.

— Ora, por quê?

— Orgulho, meu filho, sempre o orgulho.

— Fascinação? – Izidro tentava enquadrar em um conceito a situação que observava.

— Mais ou menos. Está, sim, fascinado, mas com as próprias faculdades. Trata-se, de fato, de um médium de excelentes condições para efetivar o fenômeno de psicofonia; entretanto, nesse momento em que a sala foi limpa dos desordeiros desencarnados, ele não mais consegue se sintonizar com ninguém.

— Então resolveu produzir o fenômeno por conta própria – complementou Izidro, compreendendo o que se passava.

— Mas não teve essa intenção; como disse antes, está contagiado com a doença do orgulho, sem ter erguido barreiras ou paliativos para suas repercussões – esclareceu Polidoro.

Não demorou e outro espírito se manifestou – agora, realmente havia um espírito junto do médium. Tratava-se de um desencarnado conhecido do grupo de encarnados, um espírito simpático aos membros, mas que pouco esclarecimento possuía. Evocado, sempre se aproximava. Os trabalhadores desencarnados do grupo pouco podiam fazer; era a vontade dos membros do grupo de encarnados.

Manifestando-se, esse espírito se colocou à disposição para ser indagado.

— Irmão Ateneu, gostaria de solicitar auxílio para os problemas em minha casa. Tenho tido enormes contendas com minha filha adolescente – fez referência uma das participantes encarnadas ao espírito que se comunicava.

O desencarnado pensou um pouco e, tomando ares de sábio, respondeu:

— Minha filha, é preciso ter paciência. Deus colocou ao seu lado um espírito muito pouco evoluído. A irmã, como alguém espiritualmente desenvolvida, deve ser mais tolerante – afirmou o desencarnado sem receio.

— Mas é difícil, ela me desafia muito. Não devo ser disciplinadora? – ampliava a questão a consulente.

— Claro que sim, minha querida. A disciplina é fundamental para o nosso progresso – concluiu Ateneu de modo irresponsável, pois não conhecia a situação para a qual fornecia sugestões.

A companheira encarnada ficou satisfeita com as respostas, que diziam exatamente o que desejava ouvir. Sentiu-se reconhecida em seu esforço hercúleo para dominar os ímpetos da filha rebelde. Em verdade, a filha preferia frequentar outro grupo espírita que não o da genitora, que discordava dos métodos empregados nesse outro grupo. A rigidez de hábitos da mãe impunha imensas dificuldades à jovem adolescente, que construía a própria opinião, apesar dos freios que a mãe tentava impor. A visão, portanto, apresentada em questão estava toda distorcida. O grupo ouvia o que queria ouvir e descartava como obsessão o que lhe era importuno.

Ângelo restringiu a ação do manifestante, não permitindo mais que o mesmo se aproximasse dos médiuns, mesmo que continuassem a chamar por ele. Vendo que não teriam mais respostas, encerraram a atividade satisfeitos pelo que havia sido produzido.

O contingente de encarnados finalizava suas atividades exalando inúmeros suspiros, externando o alívio com o final dos trabalhos mediúnicos. Mostravam-se cansados, como se a expressão fatigada que ostentavam apontasse para o empenho que havia sido empreendido e o quanto havia cada um deles se doado ao evento. Quanto engano!

— Hoje foi difícil, mas, graças a Deus, pudemos desempenhar bem nosso papel – falava uma senhora, fazendo questão de evidenciar sua exaustão física. Espiritualmente, soubemos que seu cansaço, que era real, devia-se aos hábitos noturnos, que tinha dificuldades de modificar.

— Sim, parece-me que os obsessores estão cada vez mais obstinados. Está ficando muito difícil suportar-lhes a opressão – disse outro senhor, concordando com a primeira.

— Calma, meus irmãos, ninguém disse que a tarefa seria fácil. Sejamos esforçados e tenhamos fé – completou o doutrinador.

Todos os participantes se mostravam abatidos, cansados com a atividade. A imprudente atitude dos membros do grupo de conclamar a presença de corações endurecidos para realizar suas atividades efetivamente possuía efeito desagradável. Apesar de todo o esforço dos vigilantes desencarnados para minimizar as repercussões negativas, era impostergável que cada um alcançasse o êxito que havia trabalhado para obter.

Todos se ajeitavam para deixar o local. As despedidas se alongavam.

— Quero que permaneça próximo de Joel, o encarnado responsável pelas atividades da noite – comentou Polidoro dirigindo-se a Izidro, que buscou o referido encarnado e percebeu que ele se encontrava taciturno, intimamente avaliando as atividades da noite. A seu lado, um acompanhante invisível induzia suas reflexões.

— Quem é aquele? – questionou a Polidoro.

— Não importa sua identificação. Percebeu os rumos que tomam suas insinuações? – insistiu, para que Izidro aprofundasse suas observações.

De fato, a influência insuflava a rigidez de comportamento, adensando pensamentos embrionários que existiam latentes na personalidade orgulhosa do encarnado. As reflexões tomavam uma direção desagradável, primando pela intolerância na convivência com os companheiros de atividade.

Em plena subjugação, Joel erguera-se da cadeira onde permanecia sentado e procurara Cleiton, o jovem médium que servira de intérprete mais qualificado da noite.

— Cleiton, tem um instante? – abordou Joel, iniciando a conversa.

— Sim, claro – respondeu timidamente o jovem.

— O que pensa das manifestações mediúnicas desta noite? – Joel fora direto ao ponto nevrálgico de suas cogitações.

— Normais, senhor – afirmou o menino.

— Fiquei preocupado com as palavras que foram dirigidas a nós por seu intermédio – disse Joel sem tato algum.

— Como assim? – perguntou Cleiton, tentando assimilar o comentário.

— Senti que nos recriminavam as intenções para a noite de intercâmbio. – Joel, assediado espiritualmente, perdera por completo o bom senso. O jovem rapaz era bastante tímido, tendo dificuldades com a frustração. Um silêncio constrangedor dominou, por segundos, o diálogo. O desencarnado que insuflava a contenda abraçou seu interlocutor e motivou-o a dizer:

— Se tem algo a dizer, que fale, mas não se valha dos espíritos para tal mister. – Joel pouco continha a fúria que se estampava em seus olhos.

— Desculpe, não foi minha intenção – titubeou o menino.

— Deve ser mais prudente, garoto. Nada sabe sobre espiritismo. Não pense que pode iludir meus mais de trinta anos de experiência com os espíritos – disse orgulhosamente.

Cleiton sentia-se humilhado. Sua timidez lhe dificultava a ambientação naquele grupo, pois ninguém se aproximara dele com simpatia. Pareciam competir para agradar Joel, que dirigia a todos despoticamente. Todos o olhavam com desconfiança. Por ser o menos experiente, era considerado o médium mais suscetível a embustes. Seus companheiros, que se consideravam superiores pelo "tempo de serviço", viam-no como um médium de condição inferior. Realmente pouco havia se aprendido naquele agrupamento sobre qualidades morais, pois ainda se julgavam pelo tempo de serviço. Depois dessa conversa e do clima desfavorável que se criara em torno do rapaz, dificilmente ele voltaria a participar das atividades do grupo.

Cleiton despedira-se e deixara o local em completa desilusão. Conhecera o espiritismo por intermédio da literatura, e percebia que possuía uma mediunidade latente, tendo se predisposto espontaneamente a aprender e a ser útil. Chegara alimentando nobres aspirações que certamente teriam sucesso se houvessem sido alimentadas. Entretanto, encontrara mais do que portas fechadas: corações endurecidos e incompatíveis com a mensagem de Jesus, apesar do esforço que sinceramente faziam.

Da espiritualidade buscava-se animar o jovem, que, contendo as lágrimas, deixava o ambiente cabisbaixo e disposto a desistir de suas honestas aspirações. Seguia com ele nobre amigo de outras eras que tentava lhe inspirar resignação e paciência, carinho para com os verdadeiros enfermos.

— O que vai acontecer com Cleiton? — indagou tristemente Izidro, contemplando o quadro.

— Afastar-se-á do grupo, pois, infelizmente, por aqui a rigidez da falsa disciplina já alcançou sua plenitude. Demorará algum tempo para procurar nova alternativa, mas contará com nossos préstimos e por certo buscará outro local para exercitar suas faculdades e alimentar suas aspirações fraternas – respondeu Ângelo.

Percebendo a situação ocorrida, outro componente do grupo aproximou-se de Joel para conversar.

– O que houve?

– Falta de vigilância. Nossos médiuns constantemente se esquecem da responsabilidade que abraçamos quando nos propomos aos serviços de desobsessão – comentou o dirigente, ainda afogueado pelo atrito a que se dispusera.

– Não teria sido duro em demasia? – comentou o interlocutor encarnado.

– Meu caro Armando, cortei o mal pela raiz; é preciso ser direto – disse Joel, seguro de si.

– Será que o rapaz retornará ao nosso grupo?

– Se não retornar, terá sido melhor assim – concluiu Joel, sem muita paciência com os questionamentos que avaliavam seu procedimento.

Polidoro havia conduzido seu aprendiz até aquele espaço para fomentar nele dúvidas e reflexões, e obtivera pleno êxito com o farto material conseguido.

– Perdoe-me o estarrecimento, mas inúmeras questões fervilham dentro de mim – falou Izidro.

– Pode perguntar, Izidro, foi para isso que até aqui viemos – respondeu o instrutor.

– O que está acontecendo por aqui? Não percebo nada compatível com os ideais fraternos, com a caridade que se prega. Há uma imensa distorção de valores.

— Enraizou-se aqui a crença de que o tempo de serviço e o conhecimento superficial de textos são suficientes para a completa redenção dos seres humanos.

— Percebi que eles possuem obras de qualidade, leram *O Evangelho segundo o Espiritismo*, *O Livro dos Médiuns*, de Allan Kardec, mas há uma complexa disparidade entre os conceitos e as atitudes.

— Infelizmente, esta é a realidade de quase todos os agrupamentos. Em graus variados, é verdade. Cada indivíduo interpreta a mensagem conforme suas possibilidades. Faz parte do aprendizado e da maturidade de cada individualidade.

— Quase todos? – questionou Izidro, perplexo.

— Em todos, mas em condições heterogêneas. Não podemos cair na presunção de imaginar que vivemos o Evangelho de Jesus em sua integralidade. Pensar assim seria um tremendo equívoco, pois todos são passíveis de cometer deslizes. Algumas vezes, o excesso de rigidez e disciplina intolerante imperando em um agrupamento transforma o ambiente em um vulcão ativo. Em vez de alimentarem a convivência amiga e fraterna, instituem uma realidade de cobranças exteriores de indivíduos que somente se toleram por convenções e aparências. O resultado é este que vimos hoje.

— Mas e a experiência dos membros do grupo? Falaram em décadas de serviço.

— Que serviço? O que são algumas décadas, alguns séculos? Pura presunção. Desde quando a maturidade de alguém é medida pelo cumprimento de suas obrigações? Se concluirmos que todos somos irmãos aos olhos de Deus, é obrigação nossa nos empenharmos pela recuperação alheia. Pouco compreendemos dos reais mecanismos envolvidos na faculdade mediúnica. Alimentamos uma falsa convicção de que estamos predestinados a salvar o mundo quando sequer sabemos lidar com nossos problemas íntimos.

— Por que os encarnados não escutaram os apelos de Ângelo para conduzir as atividades conforme a programação prévia organizada na espiritualidade?

— A experiência tornou nossos irmãos pretensamente capazes de decidir o destino dos outros. Julgam que podem lidar com espíritos mais endurecidos, enquanto nos abarrotam de trabalho para minimizar as influências perniciosas que alimentam na intimidade. O orgulho, meu irmão, é a chave do problema. Consideram que doutrinar obsessores seja mais importante que atender os desesperançados enfermos; não percebem que são encaminhados para as atividades os espíritos que mais carecem de assistência. Julgam-se habilitados a dirigir uma realidade que nem sequer divisam. Seria suficiente que se dispusessem a servir com carinho, fosse a quem fosse, e o serviço fluiria com eficiência e dinamismo. Os reais necessitados seriam encaminhados por nós, e nada impediria que obstinados obsessores aqui viessem colher palavras de tolerância e amor, podendo, esses mesmos obsessores, presenciar o tratamento carinhoso que se daria àqueles que sofrem.

— Percebo que esses espíritos que se manifestaram eram meros desocupados.

— Felizmente, conseguimos impedir o ingresso dos espíritos realmente malévolos que os encarnados supõem doutrinar. O que adiantaria trazer para diálogo espíritos indispostos a qualquer mudança? É necessário trabalho contínuo e muito especializado entre nós para que, com o acompanhamento discreto, consigamos encontrar nesses irmãos uma brecha para motivá-los ao perdão e a novas alternativas para o futuro. Isso, às vezes, leva alguns séculos.

— Então atividades como as que vimos hoje não servem para nada?

— E o que diria do que estamos fazendo agora? – Polidoro comentou sorrindo.

— Sim, entendo – disse o aprendiz, dando-se conta da ingênua pergunta que havia proferido.

— Sempre se procura reverter os equívocos praticados em oportunidades valiosas de aprendizado.

— E no que se refere aos amigos encarnados?

— Têm o que desejaram. De nossa parte, espera-se pacientemente, pois o tempo é o melhor remédio para nos fazer abrir os olhos. Precisamos ser mais tolerantes uns com os outros; estamos todos em aprendizado constante. Na vida, nada é infrutífero.

— E quanto à situação de Cleiton, será que foi aquela a melhor forma de proceder?

— Como assim? – Polidoro aguardava que Izidro organizasse os próprios pensamentos. Era preferível que tirasse primeiro suas próprias conclusões para que sua participação fosse mais oportuna junto ao pupilo.

— O jovem foi o intérprete mais próximo de nossa realidade. Fiquei constrangido ao vê-lo sendo coagido daquela maneira – disse Izidro concluindo o raciocínio.

— Lembra-se do excesso de disciplina e do tempo de serviço? O orgulho tem dessas coisas. Para nós foi fácil constatar a realidade das manifestações mediúnicas, mas para os encarnados é extremamente difícil. Algumas vezes, imaginamos que a simples leitura de obras que nos digam algo sobre o tema já nos torna mestres em uma arte ainda muito pouco compreendida. Tem faltado tolerância nesse tipo de atividade e sobrado muita presunção.

Ângelo se aproximava dos dois.

– Izidro, gostaria que concluísse suas questões com Ângelo, não quero que fique apenas com minha opinião acanhada – disse Polidoro.

– Ângelo, não consigo entender por que não deixa os encarnados à própria sorte, já que não estão nem um pouco interessados em suas orientações. Por que não se dedicar aos necessitados que desejem ser ajudados? – inquiriu confuso o estudante, atendendo à solicitação de seu instrutor.

– Já imaginou o que seria de nós se houvessem desistido de nos auxiliar cada vez que errássemos? Tem noção de quantas oportunidades desperdiçamos até chegar aos dias atuais? Aí está inserida a ideia de amor incondicional que tanto temos dificuldade de assimilar. Não estamos em julgamento; é verdade que arcaremos com as consequências de nossas atitudes, mas, assim como fazem conosco, também devemos nos esforçar por minimizar os efeitos nocivos dessas atitudes uns sobre os outros.

– Entretanto, agindo dessa maneira, não estaremos sendo condescendentes com as atitudes equivocadas dos companheiros encarnados? Não é mais prejudicial do que benéfico agir desta forma? – continuava o interessado estudante.

– Em nenhum momento tolhemos o direito de escolha de nossos invigilantes companheiros; entretanto, não está em nossa alçada interferir nas consequências dessas escolhas equivocadas, mas daí a nos valer de desculpas para não estarmos sempre dispostos ao socorro vai larga distância. É imprescindível sermos menos severos com o comportamento alheio. A tolerância é condição básica para a convivência fraterna. Não há aprendizado se não nos for concedido o exercício de escolher o próprio caminho a seguir com liberdade para os erros. Errar faz parte do processo de aprendizado. A rigidez com que nos acostumamos a avaliar os outros é sinal de que nos falta empenho no amadurecimento. Por acaso, nós não precisamos igualmente de tolerância para com nossos deslizes?

— Entendo.

— Estamos acostumados com os valores temporais que nos estimulam a severidade, ao invés da fraternidade – concluiu Ângelo.

— Diante das dificuldades que o grupo vem apresentando, há algum planejamento para o socorro? – continuava Izidro a perguntar.

— Como não? Se nos valermos da ideia de que todos estão aprendendo, mesmo com os erros, nos tornamos mais compreensivos com a realidade observada. Infelizmente, a intolerância que os encarnados se habituaram a entender por disciplina vem desarticulando inúmeros agrupamentos em razão das animosidades que advêm dessa dificuldade que possuímos de respeitar as individualidades com suas diferenças. Como percebe, a tendência do agrupamento é a desunião. Todos têm receio da sinceridade, e vivem numa situação superficial de relacionamentos, reafirmando intransigentemente seus pontos de vista e esquecendo que as outras pessoas também têm liberdade de possuir os seus.

— Então, a saída de Cleiton do grupo pode não ser ruim?

— Se imperasse a fraternidade dentro do grupo, tal acontecimento jamais teria ocorrido. Contudo, sempre há circunstâncias positivas, mesmo nas adversidades. Se conseguirmos estimular o jovem médium, com certeza o encaminharemos a novo agrupamento onde possa adentrar com uma bagagem maior de experiência. Aos que ficam, a consciência fará com cada um uma avaliação do evento, da qual não conseguirão escapar ao se questionar sobre a retidão do comportamento adotado. Impossível que na vida não venhamos a nos confrontar com bons exemplos, seja onde for, que nos estimularão a repensar atitudes e comportamento, mesmo que aparentemente esquecidos. Não restam dúvidas de que sempre se podem tirar oportunidades mesmo do que aparentemente consideramos um mal.

– O grupo não vai se desarticular?

– É fácil verificar que todos os que pensarem diferentemente estarão se convidando ao afastamento, pois é assim que se deixam levar os componentes do grupo de encarnados.

– E isso não afeta as atividades com os desencarnados?

– Como disse antes, sempre é possível aproveitar valiosas lições mesmo do que aparentemente nos pareça um mal. A intolerância que impera no grupo dá asas a complexos processos de insinuação de espíritos dementados sobre a organização das atividades. Ainda assim nos valemos das constatações observadas para demonstrar aos visitantes, e mesmo aos que aqui vêm para aprendizado, como agora faz você, as consequências desagradáveis que repercutem em nossos hábitos diários sempre que nos falta amor ao próximo.

– Então são instrumentos de aprendizado para os desencarnados? – comentou Izidro bastante surpreso.

– Aproveitamos as circunstâncias da maneira mais oportuna – respondeu Ângelo.

– E quanto ao auxílio aos necessitados?

— Por acaso deixamos de realizar algum atendimento? – disse Ângelo, fazendo com que Izidro pensasse no que havia constatado.

— Eu pensei...

— Nossos irmãos encarnados não são também necessitados? – interrompeu o dirigente desencarnado.

— Sim, sob esse ponto de vista.

— Acostumou-se a crer que a mediunidade é um exercício de atendimento aos outros, como se não possuíssemos inúmeras mazelas. No exercício mediúnico, os maiores beneficiados são os próprios médiuns, e não os espíritos desencarnados. Muitos comportamentos têm a chance de ser reavaliados no contraste que essas atividades fomentam.

— É que eu sempre ouvi dizer isso nos grupos espíritas.

— Fruto de desinformação e presunção. É sempre mais fácil negar as nossas carências e imperfeições projetando o que somos no atendimento aos outros.

— Esse grupo vai se desfazer?

— Depende da vontade dos integrantes. A julgar como andam se conduzindo, terão dificuldades para se manter juntos. Se julgarmos necessário, os estimularemos a buscar, após uma provável desarticulação, outras esferas de atividade. Assim agiremos, se julgarmos conveniente para minimizar os aspectos negativos das repercussões dessas atitudes.

— A desunião de um grupo pode estar em seus planos de direção espiritual?

— Jamais. Nunca pregaremos a desunião. Há, porém, de se convir que nos esforçaremos para minimizar os efeitos nocivos das dissensões. Em algumas oportunidades, o afastamento de componentes do grupo é uma saída viável, mas que fique bem claro que nunca é uma responsabilidade nossa; é sempre fruto do orgulho e do egoísmo dos componentes do grupo e suas consequentes dificuldades de relacionamento.

— E quais as causas dessas dificuldades? As obsessões?

— As obsessões surgem como agentes secundários do processo. O orgulho se manifesta muito pujante na rigidez de nossas opiniões. Poucas vezes somos tolerantes a ponto de aceitar os que pensam de forma diferente de nós. Com esse comportamento podemos atrair companhias espirituais indesejadas, que nos estimulem a maiores atritos, mas não podemos nos eximir de uma responsabilidade que é pessoal e intransferível. O que entristece, algumas vezes, é que os motivos de discussão são os mais simples. Muitos grupos já se desfizeram por conta de interpretações doutrinárias.

— Não está correto defender princípios que se acredita serem nobres?

— Onde está a nobreza de se colocar a fraternidade em segundo plano por conta de discussões de superfície? Jesus já enfatizava que a letra mata. São esses preconceitos em relação a pensamentos que destoam dos nossos que precisam ser mais bem policiados. O que importa a superfície, se o fundo for sinceramente trabalhar pelo bem comum?

— Mesmo que tais ideias sejam contrárias ao que se acredita e se prega no espiritismo?

— Os espíritos que trabalharam na codificação do espiritismo não foram taxativos em afirmar suas ideias como verdades imutáveis. Seria enorme prepotência pensar assim. O fato de alguém pensar diferentemente de nós não significa que teremos de aceitar seu entendimento, mas não podemos esquecer a fraternidade e fazer disso um ponto de celeuma. No amor, sempre se respeitam as diferenças. Em muitas ocasiões, há preocupação demasiada com a superfície das questões em detrimento do fundo que carregam. Isso dá margem às petições e ao excessivo rigorismo que o espiritismo tem alcançado pela falta da exata compreensão de seus adeptos e "dirigentes".

— E os estudos, não ajudam nesse aspecto?

— São de extrema importância, mas de que valem sem a vivência da cooperação e da solidariedade? Não há privilegiados da parte de Deus; somos todos absolutamente destinados ao mesmo progresso, por vias diferentes, é verdade, mas com o mesmo objetivo. Mesmo que almas mais adiantadas queiram nos fazer abrir os olhos para uma forma diferente de entendimento, ainda não amadurecemos o suficiente para vivenciá-lo. Continuamos, intimamente, crendo que é mais fácil projetar as dificuldades nos outros do que assumir a própria responsabilidade. Buscamos no espiritismo, equivocadamente, a solução para problemas e questões que dependem de uma mudança de atitude íntima, porque é mais fácil esperar dos outros do que se empenhar no próprio progresso. Essa é a visão distorcida que o espiritismo vem assumindo nos últimos tempos. Pedir, esperar, culpar os outros pelas dificuldades, esquecendo que é o orgulho que nos cega e o egoísmo que nos torna amargos para o esforço individual, tão necessário.

Atividades inúmeras nos pediam a cooperação. Nós nos despedimos com a sensação de que muitas questões tinham ficado sem a devida reflexão. Não faltaria, porém, outra oportunidade para isso. Era imprescindível desempenhar satisfatoriamente o serviço de que nos incumbimos sem colocar em risco o planejamento prévio com apelos individuais.

Influência inconsciente

Como não há nenhuma forma de favorecimento individual, todo aquele que se empenha em melhorar sua situação alcança êxito na exata medida do esforço empreendido. Izidro já estava bem ambientado à vida na espiritualidade. Havia alguns anos, desempenhava o papel de auxiliar em atividades a companheiros desencarnados que se avaliavam como falidos moralmente perante a última existência corporal. Tivera, por meio destes serviços, a oportunidade de reavaliar a si mesmo nas máscaras fisionômicas dos necessitados que auxiliava. Aos poucos, foi refletindo sobre sua existência transata, constatando os inúmeros equívocos que cometera. A convivência nesses serviços de auxílio fez crescer nele o senso de responsabilidade pelas atitudes que tivera durante a vida.

Seu desejo era obter nova oportunidade reencarnatória, recomeçar de onde havia estacionado. Estimulado a redobrar esforços enquanto sua solicitação era analisada, foi encaminhado a instituto preparatório, onde pretendia reforçar suas aquisições morais com vistas a poder contar com intuições construtivas quando estivesse novamente na matéria.

Não tinha condições de deliberar sobre o planejamento de sua nova existência, porém, era informado constantemente dos aspectos relevantes que se constituiriam suas necessidades mais imediatas com relação ao progresso que desejava atingir. Tomando conhecimento dessas questões, esforçava-se para concorrer em seu próprio êxito, estudando, trabalhando e, principalmente, buscando ser útil.

Soubera que reencarnaria em uma família bafejada pelos ideais espíritas. Teria a oportunidade de conhecer, desde cedo, esclarecimentos quanto à realidade da vida espiritual e do intercâmbio com os desencarnados. Muito lhe alegrara essa oportunidade, mas seu senso de responsabilidade recrudescera com isso. Nasceria com predisposição genética para obter contatos frequentes com amigos que permaneceriam assessorando-o de além-túmulo.

Tudo isso o felicitava imensamente, entretanto, o receio de não saber aproveitar essas disposições o assustavam. Buscando se valer de todas as noções auxiliares, fora encaminhado aos cuidados de Polidoro, que assumiria a tarefa de orientá-lo com relação aos cuidados que deveria ter no exercício da mediunidade quando encarnado.

Estava havia mais de um ano exercitando-se nessas reflexões. Aproximava-se o momento de retomar o fardo carnal, por isso suas observações passaram a ser mais concentradas nas atividades com grupos e médiuns encarnados. Exonerara-se das funções que exercia para se concentrar em sua preparação. Seu período de experiências junto a Polidoro chegava ao fim. E permaneceria ainda um ano em atividades no núcleo espírita que seus futuros pais frequentavam e que também o acolheria em dias futuros, tudo isso antes de estabelecer o definitivo vínculo reencarnatório.

Por isso sua ansiedade crescia e, com ela, cresciam também o receio e a reavaliação dos motivos que o levaram às intensas crises de consciência após seu último desencarne. Sabia que esses comportamentos ainda faziam parte de sua personalidade; eram sua sombra. Sentia medo de falir novamente. O esquecimento o assustava. Entretanto, também se esqueceria de seus erros, o que lhe fornecia certa esperança. Tudo ficaria em estado latente, prós e contras. Teria no espiritismo e na mediunidade uma bússola moral, onde veria reforçadas suas nobres intenções. E se faltasse empenho? E se ele se distraísse com valores transitórios? Estava tomado pelas tradicionais cogitações de todo espírito consciente de suas responsabilidades próximo da fase reencarnatória.

Polidoro acompanhava o conflito íntimo que se desenrolava na mente de seu pupilo, mas, discreto, preferia não interferir, e induzia-o às conclusões que pensava serem oportunas. Tinha a habilidade de fornecer as necessárias lições sem que o acompanhante pudesse se sentir ofendido em seu orgulho ou envergonhado por ter sua intimidade tão facilmente devassada.

— Percebeu como podem ser sutis as sugestões positivas ou negativas fornecidas ou captadas espontaneamente por meio da sensibilidade mediúnica? – indagou, retirando Izidro de suas cogitações.

Izidro dirigiu seu olhar com desconfiança para Polidoro. Seu instrutor tocara diretamente no aspecto que mais o preocupava no momento.

— Sim – falou titubeante –, é mais sutil do que imaginava.

As orientações recebidas com relação ao fenômeno mediúnico sempre nos dão conta dessa espontaneidade em suas características, mas a realidade é bem mais abrangente do que imaginamos.

— Verdade, meu filho. Estamos perante um fenômeno que, em sua expressão ostensiva, torna-se, de certa forma, restrito a alguns indivíduos biologicamente mais bem-dotados para o intercâmbio; entretanto, as influências espirituais recíprocas granjeiam a todos, e não deixam de ser outra faceta do fenômeno mediúnico. Bem menos comentada, porque não se apresenta de maneira objetiva, sua sutileza passa despercebida, mesmo para os médiuns acostumados ao intercâmbio consciente com os desencarnados.

— Isso me assusta. A influência de uns sobre os outros é intensa; não estamos preparados para essa realidade.

— Todos nós temos o livre-arbítrio. Na realidade, pouco percebemos as influências mentais que recebemos da parte de encarnados e desencarnados a cada segundo, porque são espontâneas, intensas e incessantes, da mesma forma que emitimos padrões de mentalização quando pensamos. Faz parte de nossa natureza. Essa realidade nos descortina a intensa relação comunitária em que nos digladiamos como seres pensantes. Entretanto, as opções são individuais, pois dependem de nosso esforço e vontade. Pelo mecanismo da sintonia coletamos ou nos tornamos capacitados a obter consonância mental conforme nosso padrão de emissões. A qualidade do que somos nos direcionará para o ponto comum onde encontramos ressonância.

— Desta forma, a humanidade pouco pode progredir, pois estaria sempre amarrada à inferioridade que permuta em constante atitude mental.

— Desde quando o progresso ocorre aos saltos? A ingenuidade humana faz com que imaginemos que em uma única existência de devotamento ao próximo estejamos capacitados para nos ver livres de tais influências. Esse processo, entretanto, é muito mais lento do que imaginamos, porque cada passo deve ser estabelecido com precisão e segurança. Nossas resistências são testadas diuturnamente, pois o contato com os diferentes padrões mentais é inevitável. Não devemos supor que haja, nesse aspecto, um motivo para desânimo; ao contrário, são esses conflitos íntimos provocados pelas insinuações espontâneas de correntes mentais que destoam das nossas que nos motivam ao progresso. Enquanto os pensamentos de teor moral desagradável nos testam a resistência, os conteúdos mais graduados que o nosso nos estimulam a readaptações graduais.

"As temíveis obsessões, que a meu ver se transformaram em desculpas para uma transferência de responsabilidade pessoal, iniciam-se sempre por esse processo. Ao nos encaixar em uma faixa de emissões mentais de aspecto negativo, nos tornamos receptivos às trocas com aqueles que desfrutam da mesma atmosfera íntima. Esse quadro vai sendo reforçado em seu aspecto negativo, tornando-se cada vez mais entranhado e de difícil alteração."

— Mas essa realidade é assustadora. Em breve, estarei de retorno ao corpo denso e, de posse da mediunidade, terei de enfrentar essas circunstâncias. Perante esse quadro, qual minha chance de sucesso...

— O companheiro não desconhece que essa realidade também está evidente na esfera onde atualmente nos encontramos. Sendo assim, o que o impede de cair nesses equívocos?

— Não tinha pensado assim.

— Ainda nos impressionamos muito com as dificuldades; o pessimismo facilmente desponta em nós. Se aqui consegue, por esforço próprio, manter os pensamentos de forma razoavelmente ordenada a ponto de, com lucidez, conseguir refletir sobre tais aspectos, nada o impede de alcançar o mesmo êxito posteriormente, esteja onde estiver.

— Penso que a presença constante de amigos e instrutores é que me facilita esse êxito. Encarnado, temo pelas insinuações perniciosas que podem me alcançar.

— Teme as insinuações perniciosas ou teme a si mesmo, por sua fraca vontade? Os amigos continuarão a existir; haverá os amigos encarnados que, por afinidade de ideais, se aproximarão, e os amigos desencarnados que manterão proximidade fornecendo alertas intuitivos e algumas vezes diretos. As possibilidades se assemelham.

"Lembremos que o que impede a aproximação direta dos espíritos menos felizes ao nosso meio, nesse instante, é a atmosfera reinante em nossa sociedade espiritual. Se você se esforçar para criar uma atmosfera espiritual de fraternidade, desfrutará da mesma condição, mesmo quando encarnado. Assim deveriam se caracterizar os grupos dedicados ao espiritismo na crosta. Se não soubermos fomentar a amizade e a solidariedade entre nós, pouco progresso faremos quando encarnados. Não significa dizer que estaremos livres das influências infelizes, porque mesmo na condição que desfrutamos atualmente não estamos. Somos repletos de mágoas, culpas e conflitos íntimos mal resolvidos. A encarnação nos fornece o contato mais direto com espíritos tão complicados quanto nós em regime de retratação e convivência. Muitas vezes, nos encontramos face a face com aqueles que estão na gênese de quadros íntimos doloridos e que, se encontrando em faixa mental dessemelhante, só convivem conosco por meio da oportunidade reencarnatória.

"Na verdade, jamais obteremos êxito completo como nos iludimos a pensar, porque a evolução é para sempre, mas devemos nos esforçar por firmar bem o pé a cada passo realizado. Para isso contamos com a influência dos bons exemplos estimulantes que não faltam, e o mais depende exclusivamente do quanto estamos dispostos a nos empenhar por nosso progresso. Costumeiramente, afirmamos que fizemos o que era possível. Ninguém nos cobra nada, mas a consciência nos diz que poderíamos ter nos esforçado mais e dedicado mais tempo ao que realmente importava."

Polidoro silenciou alguns instantes; parecia ter se lembrado de algo.

— Tudo isso que lhe afirmo é dedutível dos estudos que você empreendeu buscando conhecer a mediunidade e sua efetivação sensível no sistema nervoso.

— Como? – Izidro estava tendo um pouco de dificuldade para acompanhar o raciocínio do amigo.

— Estamos diuturnamente recebendo impressões psíquicas, tanto por parte dos desencarnados como dos encarnados. Esses estímulos fazem parte da nossa natureza como coparticipantes da criação. Não somos meros observadores com circunstancial neutralidade. Agimos e nos influenciamos mutuamente a cada instante. Quando não estamos habilitados a essa circunstância, sofremos com uma sobrecarga emocional que produz as mais distintas reações. Constatamos ansiedades, temores sem causa definida, excesso na autocrítica, que nos leva a intensas oscilações emotivas, variando entre euforia e depressão. Entretanto, ao analisar o quadro psicológico da pessoa, não encontraremos características que favoreçam o diagnóstico desses sintomas.

"Recebemos uma influência psíquica, podendo ser de origem espiritual, que causa descontrole nas funções enraizadas no hipotálamo: distúrbios na alimentação, na qualidade do sono, no complexo campo da sexualidade e, principalmente, uma irritabilidade incoerente. Em razão da característica biológica do fenômeno de influência mediúnica, pode haver uma complexa gama de repercussões no comportamento do indivíduo, sem que ele sequer levante a possibilidade de existir uma ação externa sobre seu campo emotivo.

"Em razão de a sede de absorção e interpretação dos estímulos de ordem psíquica estar diretamente relacionada ao maquinário cerebral, existe uma intensa repercussão de suas influências sobre o comportamento e as atitudes das pessoas, sendo que na imensa maioria das vezes as pessoas não possuem a mínima consciência disso. A necessidade da participação das funções do córtex perceptivo para a conscientização e a compreensão das influências psíquicas que se sofre destaca nossa condição moral, pois é por meio de estímulos no sentido de reflexões mais apuradas e um sentimento de altruísmo transcendente que capacitamos, gradualmente, nossas funções nervosas a interpretar melhor a qualidade e a origem dos estímulos recebidos, dotando-nos, a partir de então, de melhores condições para dar um direcionamento construtivo ao estímulo recebido. Em caso contrário, o estímulo inconsciente agirá livremente sobre as funções mais básicas do comportamento, enraizadas no diencéfalo, principalmente sobre o hipotálamo, como base do instinto de sobrevivência, reprodução e alimentação.

"É absolutamente corriqueiro, portanto, que, reencarnados, apresentemos uma ampla gama de possibilidades mediúnicas, mas que por falta de condicionamento das estruturas cerebrais mantenham-se desconhecidas de nós, manifestando-se basicamente por alterações no campo emocional e agindo na condição de sintomas, e não de fenômenos. Não havendo uma elaboração cognitiva dessas influências de ordem magnética, há uma tendência natural para que se manifestem na forma de sintomas. A interferência acentuada no sistema límbico provocará choro, angústia, saudade e influências de variadas ordens.

"Nós, na condição de humanos, somos seres emocionais. A mediunidade se processa inserida nesse contexto. Essas interferências nos fornecem possibilidade de intercambiar experiências entre encarnados e desencarnados no campo emocional. Somos convidados ao aprimoramento na conscientização de nossa realidade íntima, e não devemos temer essa realidade, pois é uma necessidade evolutiva. Caímos em erro quando responsabilizamos os espíritos ou outras pessoas pelas dificuldades criadas mediante esse intercâmbio inconsciente; sabemos que essa interação ocorre por afinidade entre ambas as partes.

"Compreender esse aspecto da natureza humana que a mediunidade nos descortina faz ressaltar a importância de que venhamos a buscar a harmonia interior para melhor servirmos como ferramentas no intercâmbio mediúnico. Os desequilíbrios que as questões pessoais podem causar aos indivíduos são potencializados pelas interferências espirituais. Daí o fenômeno mediúnico ficar comprometido com relação a sua clareza e objetividade. O campo desestruturado do médium não permitirá a interpretação das sensações externas e internas que lhe chegam, ocasionando impedimentos na relação mediúnica saudável.

"Fica, assim, evidente a importância de buscar o mapeamento de nossa intimidade, evitando projetar nos outros nossas limitações pessoais. Devemos procurar por meio do estudo constante e sério, pois sem isso somos mais que candidatos às interferências desagradáveis; erigir vigilância ativa, mas ao mesmo tempo buscar compreender nossas próprias limitações. Haverá sempre atritos íntimos em nossa escalada de progresso emocional, mas precisamos aprender o que cada momento desses tem a nos ensinar.

— Concluo disso tudo que não me resta opção a não ser me aprimorar para lidar com tais interferências. São inevitáveis os abalos durante nossa trajetória evolutiva? – indagou ainda Izidro.

— Apeguemo-nos ao caso dos médiuns que se exercitam no intercâmbio. A crença em que a inconstância emocional acontece somente quando o sensitivo está despreparado ou no início de sua frequência em um grupo mediúnico é um grande equívoco, pois, na medida em que nos capacitamos para gerir os distúrbios íntimos, novos desafios se fazem necessários. Não há progresso sem problemas a ser superados. Somente quando nos esforçamos por buscar disciplina íntima nos candidatamos a verificar o imenso contingente de equívocos que alimentamos inconscientemente. A impressão que essa transformação provoca nos desavisados é de uma temível obsessão; entretanto, em nosso esforço de burilamento educativo simplesmente passamos a melhor divisar a sombra que sempre carregamos conosco.

"A aquisição de novos valores jamais é imposta, pois passa impreterivelmente por nosso empenho em melhor compreender a realidade íntima e observar essa influência recíproca que existe entre o que está em nós e o que nos chega externamente. O aprendizado não se faz sem o concurso do tempo, das dificuldades, das observações e, principalmente, por meio das experiências individuais."

Izidro se empenhava em observar e refletir, mas necessariamente precisaria sondar sua intimidade e sentir todos os reflexos das aquisições morais que desejava realizar por meio do enfrentamento dos inúmeros obstáculos que criamos para nós mesmos. Por isso, o aprendizado seguiria sem interrupções e na constância ditada pelo principal interessado pelo emprego de sua capacidade volitiva.

Exercitando o intercâmbio

Dali a algumas noites encontramos Polidoro e Izidro em humilde lar, dispostos a dar prosseguimento a suas observações e atividades. A casa pertencia a Rosângela, uma senhora que participava de atividades mediúnicas em um grupo espírita. Era viúva, mãe de duas crianças e provia o sustento do lar com o serviço de doméstica. Desde a morte do esposo, havia dez anos, passara a se interessar mais pelo espiritismo. Descobrira ser possuidora de faculdades mediúnicas, e sua frequência nas atividades do centro espírita ao qual se filiara passou a ser de extrema valia para todos os componentes do grupo.

Já havia oito anos que implementara em seu lar a leitura de *O Evangelho segundo o Espiritismo*, em dia aprazado e contando com a participação das duas crianças. Durante trinta minutos, lia passagens evangélicas e tecia inspirados comentários que lhes fortaleciam o ânimo para as dificuldades da vida cotidiana. As crianças também eram estimuladas a dar a contribuição do seu ingênuo entendimento.

Logo nos primeiros meses de prática do Evangelho no Lar, Rosângela passou a se ver mais fortemente envolvida pela presença espiritual. Em razão das orientações que recebera no centro espírita, sentira certo receio com a insistência com que tais presenças espirituais se apresentavam. Com o amadurecimento psíquico e melhor entendimento por meio de equilibradas e esclarecedoras leituras que fora inspirada a realizar, passou a ver com outros olhos as companhias espirituais que naqueles momentos se faziam tão contundentes.

Despedindo-se das crianças, que se ajeitavam para dormir, Rosângela voltou para a mesa da cozinha e, dispondo de lápis e papel, colocou-se à disposição de seus companheiros desencarnados em atividade de aprendizado e esclarecimento. Durante uma hora, mais ou menos, dedicava-se a ser instrumento de exercício aos desencarnados, que dela se valiam para diversos fins.

Naquela noite, Izidro faria sua primeira tentativa de transmissão de uma mensagem mediúnica objetiva por intermédio de uma médium acostumada com o intercâmbio. Ao chegar ao modesto lar, Izidro não conseguiu se furtar à surpresa que o tomou de assalto. Um número bastante grande de desencarnados encontrava-se acomodado na atmosfera espiritual da casa, aguardando a hora das atividades.

Circunvagando o olhar pelos arredores, percebeu que inúmeros servidores do centro espírita ao qual a médium se filiara ali estavam, e quase uma dezena de aprendizes em condição semelhante à dele ali esperavam, acompanhados de seus orientadores. Havia acomodação para inúmeros espíritos desencarnados que até ali eram encaminhados ou que humildemente solicitavam ingresso para se beneficiar das atividades evangélicas.

Surpreso com a intensa atividade que grassava naquela casa, indagou, com o olhar, seu superior.

— Imaginou que as atividades de boas intenções deixam de ser aproveitadas pela espiritualidade? Onde houver uma alma dotada de nobres ideais, inúmeras outras se consorciam a ela para incentivar e se valer das possibilidades positivas de que dispõe. O mesmo ocorre com as atividades menos nobres; sempre há consórcio entre espíritos com ideais afinados entre si – respondeu Polidoro.

Nesse momento, um companheiro desencarnado, de aparência bastante sóbria, aproximou-se de ambos.

— Este é Gabriel – apressou-se em apresentá-lo ao seu pupilo. – Ele é responsável por coordenar as atividades que aqui presenciamos. Tem profunda afinidade com nossa irmã encarnada, e o relacionamento entre os dois remonta a séculos.

— Este será o experimentador da noite? Seja bem-vindo. Caso queira, sugiro que se aproxime da companheira encarnada desde já. Creio que você tem condições de inspirá-la na apreciação das leituras que hoje serão realizadas. Isso vai facilitar a formação de vínculos entre ambos, melhorando a receptividade da médium ao exercício que deseja.

— Obrigado – agradeceu, tímido, Izidro.

Seguiu o orientador da médium, que permaneceria a seu lado durante todo o processo. A afinidade entre Gabriel e a companheira encarnada fornecia ampla condição de intercâmbio entre os dois. A médium era bastante receptiva às inspirações. Gabriel intermediaria a aproximação e auxiliaria o inexperiente mensageiro da noite em seu aprendizado.

É fundamental que todo aquele que deseja reencarnar com a disponibilidade biológica para o intercâmbio mediúnico possua prática em criar receptividade psíquica, tanto na transmissão quanto na recepção de mensagens. Essa prática constante predispõe ambos os sensitivos, o encarnado e o desencarnado, a oferecer espaço psíquico para mais fácil assimilação do conteúdo mental e emocional que se quer ditar e receber. A receptividade e a passividade de um instrumento mediúnico não ocorrem sem esforço em contínuas permutas dessa ordem em reiteradas experiências reencarnatórias, estando os envolvidos insulados no corpo material ou fora dele.

Durante a leitura, que contou com a inspiração dos companheiros desencarnados habituados aos serviços em voga, preparou-se o ambiente para suprir as necessidades das atividades que ali seriam desenvolvidas. Inúmeros necessitados recebiam assistência especializada e consolo para suas aflições. Esta porção de desencarnados constituía-se de turma pertencente a uma instituição socorrista sediada em esfera próxima, especializada em atender espíritos em desequilíbrio.

Aproveitando a tranquilidade da noite, Rosângela sentou-se calmamente em frente às folhas em branco, tendo à disposição alguns lápis bem apontados. Aprendizes em situação semelhante à de Izidro observavam tudo, tecendo comentários e recebendo esclarecimentos com relação às dúvidas pertinentes ao momento. A irmã encarnada dispôs-se à prece, e fundo respeito tomou conta do ambiente. A frequência reiterada e responsável no cumprimento da atividade a que houvera sido estimulada a empreender fizera-lhe conquistar grande número de simpatizantes do além-túmulo.

Reinava o silêncio em ambas as esferas de ação. Todos aguardavam, na expectativa, a preparação da médium para os serviços planejados. Polidoro comentava que raríssimos companheiros encarnados se dispunham a erguer vigilância constante no sentido de manter sua atmosfera psíquica vinculada aos serviços espirituais com os quais havia se comprometido em tempo integral. A entrega desinteressada da médium a esse serviço a imunizava de qualquer efeito nocivo, sendo, ao contrário, estes momentos um refrigério para as aflições da vida cotidiana.

— Infelizmente – esclarecia Gabriel –, há pouco espaço para estes ensaios educativos nos grupamentos mediúnicos. Nossos companheiros habituados ao intercâmbio mediúnico estão exigindo comunicações objetivas, disponibilizando pouco espaço para aprendizes em treinamento e ensaio. Esquecem-se das leis de afinidade e do necessário entrosamento fluídico entre o receptor e o transmissor.

A médium finalizava a leitura de obra de André Luiz, predispondo-se a relaxar para tentar o exercício de intercâmbio mediúnico. Ofertando espaço psíquico pelo esforço em deixar a mente livre de pensamentos, tornou-se convidativa a primeira tentativa da noite.

Izidro foi convidado a realizar sua primeira experiência nesse sentido. O perispírito da médium havia se dilatado, estando em semidesdobramento, o que caracterizava uma porta aberta ao fenômeno mediúnico de forma mais efetiva. Rosângela era médium intuitiva; identificava-se por meio de seu perispírito com os comunicantes, o que facilitava, de certa maneira, o processo dos espíritos em treinamento, mas dificultava a manifestação de espíritos necessitados por não haver uma total identificação de atmosfera entre os envolvidos. Sua consciência do fenômeno variava bastante; contundente dormência tomava boa parte dos seus membros.

Izidro procurou identificar-se com os pensamentos que caracterizavam a vida diária da companheira que lhe seria instrumento, conforme havia sido aconselhado. Encontrou espaço para influenciar os pensamentos da companheira de aprendizado automaticamente, agindo sobre o conjunto nervoso da médium. As informações eram captadas em forma de emoções e interpretadas pelos centros cerebrais respectivos. Izidro gostaria de transmitir um ensaio sobre a afinidade fluídica para a efetivação dos fenômenos mediúnicos, mas a médium somente o percebia por meio de sentimentos.

Foi solicitado que tivesse mais paciência, pois o fenômeno mediúnico equilibrado exigia esforço e treinamento. As explosões emocionais são características de manifestações de espíritos desequilibrados, que efetivam seus comunicados pelos campos primários do sistema nervoso do aparelho mediúnico, e essa não devia ser a atitude que caracterizasse um candidato sério ao serviço de intercâmbio. A integridade do companheiro encarnado devia ser respeitada.

Gabriel, que dirigia o fenômeno, estimulava a médium a oferecer mais espaço psíquico ao comunicante.

— Relaxe, relaxe mais — sussurrava ele no ouvido da médium.

Entretanto, após alguns minutos de tentativas, o máximo que se conseguiu foi que a médium colocasse no papel algumas palavras estimulando a oração e o recolhimento. Izidro parecia frustrado; não havia imaginado que teria tamanha dificuldade. Lembrava-se de ter sido mais persuasivo entre seus familiares que permaneceram encarnados.

Gabriel, em perfeita sintonia com a médium, conseguia excelentes resultados. A identificação entre ambos era fácil e intensa. As palavras do tutor eram transmitidas com boa qualidade. Muitas delas se perdiam pela diferença de vocabulário e entendimento, mas o teor da mensagem era captado com eficácia. A intenção do responsável pela interação era oferecer um exemplo aos desencarnados, que aproveitavam o momento para aprendizado. A médium, por sua vez, recebia dele estímulo para que mantivesse o empenho na reforma moral, imprescindível para conseguir melhores resultados nas manifestações de irmãos de ideais mais elevados.

Izidro sentiu-se impotente e comparava-se, de modo imaturo, com Gabriel na efetivação do intercâmbio mediúnico. As atividades findavam, a médium era respeitosamente tratada e, aos poucos, após o encerramento, em prece comovente estimulada por Gabriel por intermédio de Rosângela, os frequentadores desencarnados deixavam o local. Rosângela dedicar-se-ia, ainda, mesmo sendo tarde da noite, aos afazeres domésticos, já que trabalhava o dia inteiro e não tinha tempo para colocar a casa em ordem em outro horário.

Em nossa esfera de ação diálogos esclarecedores aconteciam.

— Não entendo. Por que entre meus familiares consegui resultados melhores do que estes? – indagou o aprendiz a Polidoro.

— Não se esqueça de que o fenômeno mediúnico se dá por ação da sintonia.

— Mas pensei que com uma médium treinada fosse conseguir melhores resultados.

— A companheira encarnada está habituada a atuar em determinada esfera psíquica. Cada um de nós identifica-se, espiritualmente, de forma diferente. Ambos carecem de calibragem para encontrar o ponto ideal e estabelecer a comunicação. A repetição, o exercício e o sincero empenho com perseverança acabam, com o tempo, por facilitar o processo. Em seu lar, captaram seus estímulos emocionais, já que você não lhes transmitiu nenhuma comunicação objetiva, o que é bem mais simples. Além do mais, sua manifestação não contava com assistência nem seus propósitos eram os mais nobres. A médium igualmente sentiu sua presença e, até certo ponto, conseguiu identificar que suas intenções eram nobres e objetivavam estimulá-la. Então, não foi um fracasso, como pensa.

— Percebo que os necessitados têm mais facilidade do que nós para estabelecer o intercâmbio – comentou Izidro, em dúvida.

— Esta facilidade é apenas aparente, meu filho, pois a forma de efetivar a comunicação tem intenções bastante distintas.

— Não entendo.

— O fenômeno mediúnico acontece por uma identificação entre os envolvidos. Quando deixamos de nos resguardar moralmente e ofertamos espaço para que influências psíquicas de ordem inferior nos envolvam, caímos em um complexo fenômeno mediúnico que conhecemos, no meio espírita, sob a denominação de obsessão. Este processo se dá sem equilíbrio algum; é efetivado de forma abrupta e violenta, por existir entre os envolvidos ampla identificação. Sem falarmos, ainda, do desconhecimento técnico do processo por parte dos envolvidos e da inexistência do respeito à integridade dos participantes.

"Na realidade, é muito mais fácil encontrarmos identificação em tais intercâmbios em razão do padrão moral e das intenções menos nobres que nos caracterizam como humanidade. Ao respeitarmos a individualidade do medianeiro, procuramos, gradualmente, nos adaptar de maneira adequada à sua atmosfera psíquica, esforçando-nos para encontrar receptividade. O fenômeno mediúnico educado e pautado por propósitos elevados exige abnegação e entrega. Todos deverão dar sua cota de doação."

— Os fenômenos comuns de manifestação de espíritos dementados nos agrupamentos mediúnicos ocorreriam sob esse pensamento nocivo?

— Não podemos nos esquecer de que nessas atividades existe amplo amparo de pessoal especializado dirigindo as possibilidades de intercâmbio a partir de nossa esfera de atividades.

— Mas, se estimulamos os médiuns a ter bons pensamentos e equilíbrio íntimo, como conseguem intercâmbio mais facilmente com os espíritos desequilibrados?

— A mediunidade age, de modo primordial, sobre o campo das emoções e, sendo assim, as explosões emocionais são mais facilmente perceptíveis aos encarnados do que os sentimentos disciplinados.

— Então, se eu tivesse me descontrolado emocionalmente, ainda há pouco, a médium teria captado melhor os meus pensamentos?

— De certa forma sim, mas você teria sido portador de uma mensagem desequilibrada, sem propósitos nobres e, sem o devido amparo, a médium teria sido maltratada. Quando do intercâmbio mediúnico equilibrado, mesmo em atividades com espíritos de mais baixa ordem moral, existe ampla assistência especializada. Os medianeiros passam semanas em constantes alterações no campo das emoções em razão das influências a que todos estamos submetidos no planeta. A presença dos futuros manifestantes, muitas vezes, é necessária para que os médiuns se habituem ao seu campo psíquico. Não existe intercâmbio equilibrado sem renúncia. São convidados à caridade pelo exercício de aprimorarem-se moralmente, de maneira controlada, em razão das influências que recebem.

— E se esses médiuns não conseguirem lidar com essas situações?

— Não há falta de responsabilidade no serviço. As inconstâncias emocionais dos médiuns têm ampla influência sobre o fenômeno mediúnico, mas não advêm dessas companhias que são disciplinadamente vigiadas. Temos nossos problemas pessoais, atraímos sozinhos companhias indesejadas e, se estamos com dificuldades, jamais será em razão do fenômeno mediúnico planejado, e sim por responsabilidade pessoal.

— Mas se a influência dos desencarnados sobre os médiuns é principalmente emocional, o fenômeno mediúnico, como o classifica a Doutrina Espírita, não se encontra, então, descaracterizado?

Polidoro pensou com cuidado para dar a resposta.

— Precisamos alargar nossa compreensão com relação

às influências espirituais. Conforme a definição básica, médium é todo aquele que consegue sentir a presença dos espíritos. Acontece que todos nós sofremos essas influências, principalmente quando encarnados. No entanto, a maioria das pessoas não tem consciência disso. A influência espiritual acaba se manifestando na forma de descontrole emocional, discussões, melancolias, euforias etc.

— Então, essa relação é muito mais intensa e abrangente do que havia pensado. Mesmo entre os grupos de estudo espíritas que visitei na crosta, pouco se comenta sobre isso.

— Verdade, Izidro. Existe uma preocupação, diríamos, uma atenção demasiada aos fenômenos ostensivos em detrimento das influências sintomatológicas, que é a tônica de nossas relações com os desencarnados. É uma distorção do papel principal da sensibilidade mediúnica, que existe e é essencial para nos trazer reflexões apuradas e informações pertinentes, motivando-nos na direção de uma desejada transformação moral do ser humano. Habitualmente, nos desviamos da rota, buscando dar mais atenção às manifestações exteriores, às coisas de menor importância. Nossa transformação moral é o que há de mais valioso a ser feito. Esses questionamentos são necessários porque há os que veem no intercâmbio com os espíritos um simples noticiário da vida além-túmulo, outros que buscam oráculos para as propostas mais banais, quando, na verdade, é rico material de aprendizado e reflexão.[1]

---

[1] O espírito Manoel Philomeno de Miranda, utilizando-se da mediunidade para ditar a obra Trilhas da Libertação, cita: "A mediunidade em sua expressão orgânica é faculdade do Espírito, que se veste de células para permitir a exteriorização dos fenômenos de origem espiritual. A sua educação exige, entre outros fatores, a interiorização do indivíduo, silenciando tormentos, para melhor receber, na interação mente-corpo, o que acontece a sua volta. Sem desequilíbrio psicofísico mui dificilmente se captam corretamente as paisagens e a vida fora da matéria".

— Quanta confusão! Preciso de tempo para pensar sobre isso.

— Você o terá, meu filho.

— Ainda tenho uma dúvida me incomodando.

— Fale, ainda temos tempo.

— Os sintomas motivados por influência de desencarnados e dos quais as pessoas não percebem ser alvo não podem ser considerados fenômenos anímicos ou mistificações quando manifestados por médiuns em exercício de sua faculdade?

Polidoro sorriu. Izidro havia chegado ao cerne da questão. Havia proposto uma pergunta complexa e inteligente que forneceria tema para reflexões bastante extensas.

— Certamente que sim. A questão do animismo e da mistificação tornou-se um chavão entre os espíritas. Sob imenso receio, facilmente julgam as comunicações ou manifestações mediúnicas, de maneira geral, como sendo produções do consciente ou inconsciente dos médiuns. Tem-se caído em muitos erros por conta dessa pressa. André Luiz, há mais de meio século, já demonstrava ampla preocupação com relação a essa questão, mas pouca atenção foi dada às reflexões por ele inspiradas. Infelizmente, continua-se, nos dias atuais, fornecendo pouco espaço à mediunidade pelo temor de manifestações anímicas. Temor infundado, pois, se refletirmos sobre as colocações feitas pelo amigo desencarnado, já não haveria motivo para tal. Por meio do animismo também se pode chegar ao fenômeno mediúnico bem caracterizado; ambos utilizam as mesmas bases fisiológicas para se apresentar na superfície e ser reconhecidos conscientemente.

— Gostaria, se possível, de conhecer essas questões levantadas por André Luiz.

— Creio ser possível e mesmo interessante tentarmos encontrar espaço para essa importante reflexão. Vamos ver o que é possível fazer.[2]

Agradecendo o concurso amigo na noite de aprendizado, nossos dois personagens regressaram ao núcleo espiritual que lhes servia de base para outras atividades, aguardando ativamente o horário oportuno para novos esclarecimentos, o que ocorreria na noite seguinte.

---

[2] Quando nos dedicamos a escrever aos companheiros encarnados, é oportuno que busquemos subsídios em materiais que estejam disponíveis para a leitura na crosta, facilitando a complementação de nossas reflexões e alimentando o saudável desejo de se buscar opiniões diversas sobre o tema.

Intercâmbio mediúnico

Conforme programação previamente delineada, Polidoro e Izidro se encaminharam para um pequeno agrupamento mediúnico, onde Gabriel e sua pupila, Rosângela, exercitavam a caridade cristã aos necessitados. Chegaram ao local com bastante antecedência, no fim da madrugada do dia programado para a reunião do grupo de estudos do espiritismo e da mediunidade. Mesmo com tamanha antecedência, as atividades mostravam intenso labor.

Filas se formavam em frente à porta do humilde grupo. Desencarnados, conhecedores do serviço de assistência que naquele local era disponibilizado, buscavam alívio para suas aflições. A instituição espiritual, que ultrapassava em muito as dimensões entrevistas na crosta, abrigava inúmeros necessitados de toda ordem, fornecendo amplo espaço para estudos e observações. Engraçado como os encarnados imaginam que o tamanho das edificações materiais identifica a medida da responsabilidade que se possui com relação às atividades espirituais. Normalmente, o que ocorre é bem diferente, pois os trabalhos de maior responsabilidade estão localizados nos centros mais humildes, reduzidos em proporções físicas, mas que pela simplicidade conseguem concentrar maior dedicação aos serviços dos quais se encarregam, enquanto os grandes núcleos da crosta se perdem em divagações e na falta de coesão para o serviço.

Aproveitando a oportunidade, Polidoro e Izidro procuraram colaborar com os internos da instituição, que passavam de cem individualidades. Outros grupos abordavam as filas que se formavam no exterior da construção sondando quais os propósitos e as necessidades que traziam os indivíduos que ali chegavam espontaneamente. Na maioria dos casos, não se constituía esse montante de espíritos dispostos a qualquer mudança de comportamento, mas de pobres alienados que, sabedores do serviço que ali se prestava, buscavam simples alívio para suas dores, sem disposição para uma real transformação. As petições eram analisadas meticulosamente e todos eram bem tratados, tendo, na medida do possível, aliviadas suas chagas, pois, mesmo que pouco se dispusessem à reforma íntima, acabavam por nutrir simpatia pela instituição e, no momento em que ultrapassassem o limite suportável da situação em que viviam, buscariam aquele local com novas intenções.

Era quase de manhã quando deparamos com interessante comboio que vinha trazendo, entre seus componentes, Rosângela em desprendimento corporal, em razão do sono, e seu orientador Gabriel. Haviam recolhido entidades em diversos graus de indigência moral e auxiliavam esses necessitados atuando juntamente com o grupo de socorristas acostumados a frequentar localidades ermas da espiritualidade. Após o encaminhamento dos últimos pacientes, surgiu a oportunidade de entrar em contato com a médium com a qual havia sido tentado, anteriormente, o exercício de intercâmbio mediúnico.

— Bom dia, caros amigos — falou gentilmente Polidoro.

— Bom dia — respondeu solícito Gabriel.

Rosângela observava os novos personagens com suspeita curiosidade. Parecia procurar recordar de onde seus rostos lhe eram familiares.

— Ela não nos reconhece? — indagou Izidro.

— Rosângela não guarda nitidamente a expressão daqueles que por ela se manifestam; entretanto, intuitivamente, recorda-se de singularidades dos envolvidos, o que a faz ter certa impressão de familiaridade — esclareceu Gabriel.

— Perdoem-me. Isso sempre acontece — disse a médium aos visitantes.

— Vai se recordar de nós quando retornar ao corpo físico? — Izidro indagou.

— Não nitidamente. Sua faculdade mediúnica não se presta bem a tais fenômenos conscientes, entretanto, guarda completa consciência quando está conosco na espiritualidade. Por outro lado, existe a necessidade de que a vida que contempla na espiritualidade junto a nós não exija espaço consciente na vida ordinária de nossa irmã. Os encarnados já têm dificuldades suficientes tendo de lidar com a realidade que percebem. A recordação da esfera espiritual, em seu caso particular, não seria oportuna. No entanto, a intuição e as lembranças simbólicas que possui de nossos encontros servem de lastro para posteriores fenômenos de assistência e intercâmbio com desencarnados.

— Posso perguntar a ela? – perguntou Izidro ao orientador da companheira encarnada.

— Claro, por que não?

— O que pensa de exercitar a psicografia em sua casa? Tenho ouvido muitas proibições da parte de estudiosos encarnados quanto a esse procedimento.

— Eu, bem, não tenho tido problema algum com relação a isso. Pelo contrário, independentemente de permitir o exercício mediúnico ou não, os acompanhantes espirituais frequentariam meu lar, como o fazem a todas as pessoas em seus domicílios, não importando se elas se dão conta disso ou não. O fato de ter consciência desta frequência em minha casa somente me tem estimulado maior comprometimento e responsabilidade – respondeu a médium desdobrada.

— Então crê na conveniência de tal intercâmbio?

Gabriel interrompeu para acrescentar:

— Essa opção não dependeu dela. Nós a estimulamos a esse exercício. Havia de se seguir a programação reencarnatória da companheira. As aflições pelas quais vem passando, somadas aos esforços abnegados que tem empreendido, fizeram dela merecedora de nossa atenção. Na mesma proporção que o exercício a qualifica para atividades mais especializadas, recebe de nossa parte a manifestação de apreço. Você teve, igualmente, a oportunidade de participar e se beneficiar da atividade de intercâmbio particular, que serve efetivamente de campo de estudos e prática para inúmeros desencarnados em aprendizado e que têm dificuldade de encontrar oportunidade nas casas espíritas pela falta de espaço cedida a esses empreendimentos.

— A situação, com relação aos grupos mediúnicos, está tão difícil assim?

— Infelizmente, sim. Há um crescente desinteresse em se dirigir o intercâmbio para os precisos esforços no sentido de enobrecer a atividade. Em vista da dificuldade com que deparam os médiuns, muitos deles têm desistido e até mesmo desaconselhado o exercício da faculdade, julgando os outros por suas próprias fraquezas. Entretanto, existem inúmeros casos como o de Rosângela, que abnegadamente e com responsabilidade conquista crédito para o exercício equilibrado.

"A proibição da mediunidade, ou a limitação dos locais onde ela poderia acontecer, é contrária às diretrizes fundamentais do espiritismo. O que se deve levar em consideração são o valor e o respeito dados à atividade de intercâmbio, exercitando-a com equilíbrio e bom senso. Lembremos que os grandes livros de Allan Kardec foram ditados em pequenas reuniões familiares; que as mensagens que constam de O Evangelho segundo o Espiritismo foram recolhidas de diferentes fontes ao redor do mundo, e muitas delas recebidas mediunicamente por médiuns anônimos, do ponto de vista histórico, e que exercitavam o fenômeno de intercâmbio em seus lares ou em pequenos agrupamentos, como era comum na época. Essas reuniões são os locais em que mais facilmente encontramos sintonia para melhor efetivar os fenômenos de intercâmbio mediúnico. Se coibíssemos a produção de tais fenômenos, a maioria das obras literárias mediúnicas não existiria. O que seria de Francisco Cândido Xavier? Onde receberia a imensa obra literária por ele concebida? Quantos livros de qualidade indiscutível teriam deixado de ser produzidos?"

Sim, Gabriel estava certo. Izidro refletia sobre as últimas palavras do amigo desencarnado. Mas a conversa foi interrompida. Gabriel precisava encaminhar a médium de retorno ao seu envoltório corporal, enquanto nossos personagens principais se deteriam para auxiliar os necessitados. As portas da instituição haviam sido descerradas, e os desencarnados enfileirados ingressavam contidamente no pátio interno da unidade de socorro. Atividades de auxílio e preparação para os trabalhos mediúnicos da noite seguiriam no decorrer de todo o dia, conforme planejamento bem executado.

Aproximava-se a hora em que os trabalhadores encarnados que compunham aquele agrupamento deveriam se apresentar para o serviço. As atividades de assistência recrudesciam; os casos que cada um dos necessitados trazia variavam em forma e conteúdo, mas sempre tinham origem nos comportamentos alimentados na intimidade. Equipes de socorro traziam seus abrigados em padiolas e veículos apropriados ao transporte daqueles que não podiam se deslocar por conta própria. Grande contingente de desencarnados, em diferentes estados de confusão mental, compunha o público que lotava as dependências invisíveis do pequeno prédio. Um amplo salão era a área principal, onde eram acomodados esses pacientes.

A maioria dos auxiliados não compreendia o que acontecia; deixavam-se conduzir sem manifestar contrariedade alguma – pareciam autômatos, sem condições de expressar vontade pessoal, chegada a hora das atividades regulares. Os aprendizes encarnados ingressavam, aos poucos, no ambiente, e logo se confraternizavam pela oportunidade do reencontro, entabulando conversas dignificantes e realizando leituras respeitáveis. O ambiente era propício às atividades ali organizadas. Mesmo que não houvesse a possibilidade do intercâmbio mediúnico ostensivo, os necessitados que ali eram trazidos se beneficiariam com esse comportamento, já que sentiam os fluidos mais grosseiros dos encarnados por um mecanismo natural de relação entre os seres.

Todos a postos, vimos que havia grupos bem divididos, que se encontravam em diferentes estados de lucidez. Os companheiros encarnados, sem o perceberem, forneciam, por meio de seus pensamentos equilibrados, material ectoplásmico maleável que era habilidosamente manipulado para fornecer melhores possibilidades de auxílio terapêutico aos socorridos da noite. Esses recursos dinamizavam a possibilidade de comunicação consciente dos desencarnados. Alguns deles, pré-selecionados, haviam passado um período específico em convivência com o médium do qual se utilizariam. Em comum acordo entre as partes envolvidas, esse processo viabilizava uma relação mais habilitada para que a comunicação se tornasse mais objetiva aos demais desencarnados, que somente observariam os dramas apresentados e que seriam imensamente beneficiados com esse processo.

Luísa regia os serviços entre os encarnados em perfeita sintonia com o diretor desencarnado dos serviços programados. Todos, voluntariamente dispostos à doação em benefício alheio, ofereciam vasto campo psíquico para a aproximação dos desencarnados que deveriam se comunicar. Diferentes necessitados se apresentaram e, em nenhum momento, procurou-se saber de sua procedência ou sua identificação. Apresentaram-se criminosos, suicidas e companheiros perturbados de toda ordem, todos arrependidos dos desvios cometidos pela falta de fé, e em nenhum momento se pôde perceber alguma alteração na qualidade dos sentimentos emitidos pelos encarnados. Não importava a quem socorriam, estavam satisfeitos com a oportunidade de aprender e servir em benefício alheio. Compreendiam que ninguém estava em condição de julgá-los ou de emitir qualquer parecer de reprovação às atitudes por eles praticadas e que vinham sendo espontaneamente relatadas. Quem, entre os envolvidos, não possuía também seu passado de equívocos, a maioria encoberta pela poeira dos séculos?

Enquanto os desencarnados apresentavam seus testemunhos, previamente elaborados em planejamento, inúmeros companheiros escutavam e muitos se identificavam com as lições ouvidas, dispensando qualquer informação a mais e colocando-se em posição de franco arrependimento para logo serem acolhidos em instituições de auxílio mais especializado.

Doze desencarnados tinham se valido da mediunidade para trazer esclarecimentos aos estudantes encarnados, enquanto duas centenas de desencarnados ouviam presencialmente seus relatos. Outros desencarnados recebiam informações por meio de telas fluídicas e do sistema de comunicação, que transmitiam as lições a outros abrigos de assistência conveniados, chegando às enfermarias, onde havia casos mais complexos de desencarnados que se encontravam impossibilitados de se deslocar momentaneamente.

Passada a primeira parte da atividade, sem evocação alguma, foi trazido um pequeno contingente de deseducados desencarnados que desejavam cobrar explicações dos envolvidos naqueles trabalhos de assistência. O salão encontrava-se imunizado para que nenhum dos socorridos sofresse o assédio dos companheiros indisciplinados que chegavam. Os sensitivos, em sintonia com os técnicos envolvidos na atividade, perceberam a mudança de atmosfera e se dispuseram mentalmente em prece para acolher, com o mesmo carinho, os irmãos que naquele momento se apresentavam.

Os obstinados e violentos manifestantes supunham ter rompido a entrada e ingressado na instituição por conta de sua força; entretanto, somente conseguiram entrar quando as barreiras magnéticas foram liberadas para sua passagem. Agitando os médiuns, deram as primeiras manifestações.

Risadas, com o objetivo de demonstrar desprezo pelos presentes, foram soltas no ar. Três desencarnados tomaram da aparelhagem mediúnica a um só tempo. Os três médiuns, sob amparo de seus tutores, buscavam conter os excessos dos espíritos envolvidos.

— Como ousam interferir em nossos planos? – falou o companheiro que parecia liderar aquela incursão. – Não creiam que pelo simples fato de dizerem palavras bonitas nos convencerão a deixá-la em paz. O passado a condena. Não sabem o que fez conosco aquela víbora que hoje se veste em pele de cordeiro e pede socorro, sensibilizando-os contra nós.

Luísa, orientada pelo diretor do serviço em voga, deixava que o desencarnado falasse, sentindo-se seguro.

— Sim. Não interfiram, pois todos os que se intrometerem sentirão também nossa força – adiu outro manifestante.

Um dos manifestantes nada dizia. Havia conseguido sensibilizar o médium, mas guardava-se de qualquer palavra. Izidro e Polidoro, acompanhando as atividades, percebiam pelas feições desse irmão que era ele o mais lúcido e sagaz dos perseguidores. Deixava que os companheiros se expusessem e estudava as reações e o desenvolvimento do diálogo.

Luísa reagiu ao influxo da vontade de Deodoro, diretor da atividade.

— Boa noite, sejam bem-vindos. Vejo que os companheiros têm inúmeras reclamações a fazer. Estamos ouvindo. – Silenciou por alguns instantes, permitindo que os desencarnados envolvidos se acalmassem. – Gostaria de entender o que os traz aqui realmente.

— Não sabe? Ah, então eu vou deixar bem claro – disse o mais exaltado dos comunicantes. – Interferiram no que era nosso por direito.

— Como assim?

— Ora, não se faça de ingênua. Vocês se intrometeram em nossa perseguição àquela serpente que tanto nos prejudicou no passado.

— Desculpe, irmão, mas deve ter em mente que sou apenas uma intérprete, não guardo total ciência dos fatos que me relata. Gostaria de ouvir-lhe a narrativa, se assim lhe agradar. – Luísa mantinha-se em neutralidade; nenhum sentimento diferente de compaixão lhe animava o íntimo.

Desconcertado com a humildade da debatedora, o perseguidor titubeou. Tinha se preparado para o combate, mas sua rival depunha as armas sem ao menos tentar enfrentá-lo. Essa atitude estimulada por Deodoro, mas já um hábito saudável da companheira encarnada, quebrara completamente a estratégia dos desencarnados. Estavam acostumados à luta, não imaginavam que seriam ouvidos sem empecilhos.

— Pois vou lhe contar, então, já que realmente parece desconhecer os fatos – atalhou o outro comunicante vindo em socorro de seu companheiro que havia titubeado. – Essa mulher que agora vem aqui ouvir-lhes as palavras prejudicou muita gente. Perdi minha família por conta das tramoias desta bruxa. – As palavras eram bem outras, mas os médiuns filtravam o que não precisava ser dito.

Durante alguns minutos, os espíritos narraram os episódios que os vinculavam àquela vingança. Durante o relato, seus corpos tremiam devido às emoções que mobilizavam aquelas lembranças. Uma tela fluídica gerada pelos técnicos presentes mostrava aos estudantes e mesmo aos médiuns envolvidos no processo, que captavam ligeiramente o teor do comunicado, as cenas retiradas do próprio inconsciente do comunicante.

— Não os julgo, meus irmãos. Entendo seus motivos – acrescentou Luísa.

— Então, concorda em nos deixar livres para atuar?

— Não posso concordar com essas atitudes.

— Como não? Não concorda com nossos motivos? Como agiria, se fosse com você?

— Talvez agisse da mesma forma, meus irmãos. Assim como vocês, sou ignorante e tenho dificuldade de perdoar o que não compreendo. – A atitude de humildade da médium quebrava a animosidade dos comunicantes. – Acontece, porém, que isso já faz muito tempo. O que vai motivá-los quando conseguirem o que desejam? São inteligentes; têm visto que o retorno à matéria é inevitável. Que atmosfera esperam encontrar de retorno, se somente cuidam de cultivar ódios? Quem os defenderá? – Deodoro infundia respeito e transmitia sinceros sentimentos de preocupação com a situação dos manifestantes, e a sua intérprete agia em perfeita consonância. – Olhem para vocês mesmos. O que se tornaram? Vejam estas roupas esfarrapadas, a sujeira, o aspecto repelente. – Na proporção em que falava, o magnetismo dirigido pela vontade disciplinada descerrava as ilusões que revestiam os manifestantes, permitindo que se vissem como realmente se apresentavam. – Por que tudo isso? Em nome de um amor por uma família ultrajada? Onde está essa família agora, que os companheiros colocam em segundo plano, trocada pela perseguição?

— Mas ela nos tirou tudo o que tínhamos. Ninguém

mais me ama, não há a quem recorrer, ficamos sozinhos. Como perdoar? Como? – dizia, chorando, o primeiro dos manifestantes.

– Entendo, meu irmão. Mas você nunca esteve sozinho. Seus olhos estavam por demais concentrados em outros objetivos para perceber as mãos que se colocavam à sua disposição para auxiliá-lo. Muitos amigos se encontram saudosos de sua presença. Entre eles, são estes os que silenciosamente trabalharam, por anos, tentando dissuadi-lo dos planos de vingança. Seus familiares o aguardam. Não peço que perdoe, meu amigo, mas que pelo menos esqueça e tente agora cuidar de si mesmo, para, quem sabe, no futuro, encontrar espaço para uma reconciliação. Agora peço que acompanhe este amigo que o busca ansiosamente.

A visão espiritual do desencarnado se ampliou por ter sido tocado pelas palavras a ele dirigidas e, então, viu surgir à sua frente forte luz que trazia em seu bojo a figura meiga de gentil criança. Era a filhinha que outrora habitara o coração paterno e que desveladamente se revestia da aparência do passado para socorrer aquele que houvera lhe dado a oportunidade reencarnatória noutro tempo.

Em lágrimas, agradecendo, permitira ser levado para um lugar mais adequado. O outro manifestante, constatando o que acontecera a seu companheiro, timidamente, sem a presença orgulhosa de antes, perguntou:

– Será que também posso ter esperança de um reencontro?

Luísa sorrira e, num ato de gentileza, imaginou-se depositando um ósculo fraterno na testa do irmão que, aos poucos, adormeceu, sendo também encaminhado para uma instituição de auxílio.

Alguns segundos revestiram a atmosfera de êxtase. Retomando a normalidade, Luísa fora intuída a se dirigir ao desencarnado que ainda não falara.

— Bem, meu irmão, agora é com você. Sei que acompanhou o desenrolar da conversa; sei o que pensa e que teme se comprometer ou se trair falando conosco, mas quero tranquilizá-lo quanto a isso. Por aqui, ninguém é forçado ao que não deseja.

— Suas artimanhas são mais hábeis do eu que supunha – respondeu, rancoroso, o obstinado obsessor.

Este desencarnado era quem realmente liderava o pequeno grupo que até ali se dirigiu. Seus olhos transmitiam obstinação dilatada, e sua frieza, mesclada com a hipócrita educação, tornava-o insensível às palavras.

— Aqui não se faz artimanha alguma. Apenas procuramos esclarecer nossos irmãos, como outrora também fomos esclarecidos. Bem sabe que tratamos aqui da verdade.

— Pode ser, mas quero sair daqui.

— Por que a pressa? Vamos conversar um pouco.

— Não, já entendi como você age. Não sou tão ingênuo.

— O que teme?

Os olhos do manifestante se avivaram de ardente emotividade. O médium pelo qual se manifestava apresentou a face congestionada e um rubor crescente invadiu suas bochechas. Orgulhosamente, a educação cedera espaço à agressividade de quem se vê descoberto.

— Como ousa! Eu não temo nada. Faço o que quero e quando quero. Você não sabe com quem está falando.

— Sei muito bem, meu irmão. – A essa altura, devido à complexidade do diálogo, não era mais Luísa que falava, apesar de parecer aos encarnados que assim o fosse. – E sei, também, que teme a seus superiores, e isso o prende à rigidez em que se encontra enclausurado.

– Eu não tenho superiores; sou senhor em meus domínios...

– Domínios muito limitados esses... Crê, realmente, que domina algo? Não percebe a solidão em que vive? O medo, o temor constante, a falta de objetivos na vida? Sabe que ninguém gosta de você, que somente inspira medo. Se lhe obedecem é porque sentem temor, assim como sente de seus superiores sem o admitir. Será que já não é tempo de pensar em algo novo? Você também não escapará da reencarnação, chegará a sua vez. Creio que possua vasta experiência para perceber que, assim como hoje dá margem a perseguições, também será, por sua vez, perseguido por aqueles que hoje prejudica. Isso não o assusta? Já pensou sob essa perspectiva? É inteligente o suficiente para entender que nossas atitudes têm consequências. – Permitiu que o silêncio adornasse suas palavras e, mudando o tom, acrescentou: – Não me veja como inimigo. Não lhe desejamos mal algum. Apenas tento abrir seus olhos para a realidade; sabe que tenho razão. Não adie sua felicidade por tanto tempo.

O silêncio demonstrava que as palavras tinham sido ouvidas.

– Tenho de ir... Vou pensar – respondeu lacônico o obsessor.

– Estas portas sempre estarão abertas para você. Vá em paz, meu irmão.

O silêncio voltou a reinar no recinto. Izidro estava profundamente impressionado com as colocações de Luísa.

Comparava aquela atividade à que havia presenciado anteriormente. Quanta diferença! Os resultados alcançados eram completamente distintos. Tratava-se, ali, de espíritos muito mais endurecidos em relação aos da outra situação e, mesmo assim, os resultados haviam saído a contento.

Mais alguns minutos foram dedicados a orientações auxiliares da parte dos instrutores desencarnados, visando a estimular e esclarecer seus pupilos momentaneamente vestidos do corpo denso. Polidoro fora convidado a também deixar sua manifestação de apreço, o que fez com reconhecimento.

Izidro aguardava ansioso até que houvesse espaço para expor as indagações que fervilhavam em sua mente. Passados alguns minutos, a maioria dos desencarnados ali assistidos havia sido transportada para dependências mais bem preparadas para o atendimento específico que cada um necessitava. Sobrou algum espaço para que as dúvidas fossem esclarecidas.

Polidoro, percebendo a ansiedade de seu protegido, condoeu-se e aproximou-se.

— Pode perguntar, mas vá com calma, porque vejo que são inúmeros seus questionamentos. É necessário que aprendamos a perguntar para que as respostas sejam curtas e profundas, permitindo que, com a reflexão, possamos encontrar outras respostas e também outras perguntas.

Izidro sorriu diante da advertência amigável e disparou:

— Estou impressionado com a profunda diferença que se destaca entre os dois grupos que visitamos. Por que tamanha discrepância?

— Cada grupo é regido pelos ideais que abraça. A conquista moral de cada indivíduo se reflete nas companhias que angaria para si. Um grupo nada mais é que a média total dessas companhias. Onde sabemos imperar a presunção não podemos esperar muita coisa em termos de produtividade.

— O que mais me impressionou foram os resultados. Aqui os espíritos mais obstinados em permanecer cometendo os desatinos de que eram autores sentiram um forte abalo em suas convicções, enquanto no outro grupo não se conseguiu absolutamente nada, mesmo que os médiuns pensassem o contrário. E tudo o que se fez aqui foi sob direção espiritual, enquanto lá se preferiu a evocação.

— Entendo sua perplexidade. Considerando os muitos anos de envolvimento em atividades desse tipo, já não me impressionam mais esses fatos, que são muito comuns. Eu também pertencia a um grupo, quando ainda encarnado, que preferia ditar ordens a acolher orientações. Em razão dos anos de envolvimento com a mediunidade, supúnhamos já ser bastante experimentados para os trabalhos de orientação mediúnica a espíritos endurecidos. Então, como você constatou no grupo anterior, fazíamos requisições nesse sentido, imaginando ser desperdício nos concentrarmos no atendimento de enfermos desencarnados. Formávamos um importante grupo de desobsessão, mas, infelizmente, não percebíamos que a desobsessão era dirigida a nós, e não aos espíritos.

Polidoro estampou na expressão estar se lembrando de algo e continuou:

— Não estamos, de maneira alguma, categorizados a ditar as normas de funcionamento dos atendimentos mediúnicos no centro espírita. Lembro-me de certo encontro com Bezerra de Menezes, que nos afirmava que todo serviço mediúnico era voltado unicamente para o esclarecimento, o aprendizado e, principalmente, o testemunho dos encarnados sobre as questões levantadas pela Doutrina Espírita. O benefício era para os encarnados, e não para os desencarnados, como comumente se supõe. Essa foi a grande discrepância que constatou.

Izidro refletia sobre os temas abordados por seu orientador.

— Muitos dos resultados aqui obtidos se devem ao fato de a médium em melhor sintonia com seu dirigente espiritual conseguir tratar com doçura nossos irmãos em diferentes condições?

— Sem dúvida. Acostumados ao deboche, à frivolidade e às ameaças, esses irmãos mais obstinados nos equívocos que abraçam tendem a agir agressivamente. Quando não encontram alguém orgulhoso que neles alimentem essa reação agressiva, sentem-se aturdidos, pois não sabem como agir perante aqueles que não os reprimem com falsa moralidade. Entretanto, essa tolerância aqui praticada deve ser sentida, e não fingida, caso contrário não se conseguiria estabelecer firme sintonia entre a médium e o orientador desencarnado para melhor conduzir o diálogo de esclarecimento mútuo.

— Como fazer para que isso seja possível? Como sentir esse amor por esses irmãos desventurados?

— É uma questão de adotarmos um ponto de vista menos equivocado. Se aderirmos à crença de que somos premiados pela oportunidade do intercâmbio mediúnico do ponto de vista de um aprendizado renovador, não mais nos preocuparemos em demasia com quem se manifesta; sempre poderemos aprender algo, seja com quem for. Precisamos, entretanto, despertar para a realidade íntima. Essa realidade nos diz que, não faz muito tempo, éramos como esses irmãos que hoje são trazidos até nós. Nesse passado recente, fomos também orientados e socorridos por seres gentis, apesar do nosso não merecimento. Por isso, não estamos fazendo favor nenhum quando somos gentis com os obsessores e tenazes praticantes do mal; antes, é nosso dever. É um dever moral que, se não abraçarmos, estaremos sendo ingratos com aqueles que se ocuparam de nós em outro tempo. Esse sentimento nobre, de não julgamento, mas de acolhimento a quem sofre ou nem sequer descobriu que sofre, é a propulsão dos resultados mais eficientes no campo da orientação mediúnica.

— É comum constatarmos que os responsáveis por tratar com os desencarnados nesse tipo de orientação são excessivamente ríspidos e grosseiros. Muitas vezes, pregam uma moral que não seguem, pois conseguimos sondar seu íntimo orgulhoso e egoísta.

— Pois bem, é verdade que conseguimos constatar essa distorção de conduta por parte dos encarnados, mas, quando eles depõem as armas, admitindo sua insignificância pessoal e mantendo-se em postura de humildade, colocam-se fora da ação do pensamento manipulador do verdugo. Tornam-se inatingíveis moralmente, e os agressores desencarnados acabam desnorteados. Essa humildade não é fingida, mas sentida intimamente; caso contrário, efeito algum teria. Não se deve aumentar a dor daquele que já sofre, pois cobranças em demasia desestimulam a adoção de mudanças de atitude. Mas a oferta do concurso amigo ampara e consola. A consciência já dita os equívocos cometidos, não é necessário que tenhamos como principal meta reavivar esse sentimento. Isso vai ferir o orgulho da individualidade, ainda mais quando essas lembranças partem da boca de quem também cometeu seus desatinos em outros tempos.

Portanto, para que se produzam bons efeitos, é imprescindível que o orientador encarnado tenha aprendido a assumir sua sombra íntima com humildade para demonstrar o que deseja ofertar aos seus companheiros de diálogo.

— E com relação aos resultados?

— Resultados, resultados... Essa mentalidade tipicamente ocidental que hoje norteia a humanidade. Quem somos nós para julgar os resultados? Alguns desses companheiros que aceitaram nosso concurso, sendo encaminhados para outras dependências especializadas, não suportarão a mudança de atitude que lhes será necessária e preferirão retornar à situação anterior. Alguns desses irmãos que partem sem desejar auxílio viverão sua vida até se encontrarem fatigados e decidirem acolher o concurso da mão que se estendeu em sua direção. Cada um tem seu tempo de amadurecimento. Nem todos os que são encaminhados ao intercâmbio mediúnico estão predispostos a aceitar as orientações que se lhes dirigem. Plantam-se sementes para que germinem com o tempo. Jesus plantava, a fé regava e o sofrimento preparava o solo, para que quando as condições básicas fossem supridas a flor germinasse.

— Entendo. Muitas vezes, o sofrimento é o melhor professor e tem o poder de abreviar a transformação dos indivíduos, como ocorre conosco.

— Exato.

Mediunidade e animismo

As atividades chamavam nossos personagens à tarefa em serviço ao próximo. Podemos minimizar muita dor e sofrimento quando nos dispomos a esquecer um pouco nossos anseios particulares e nos dedicamos em benefício do próximo. A maior recompensa é que, mesmo não buscando a resolução dos conflitos íntimos, nessas situações encontramos as respostas que buscamos nos exemplos alheios.

A mediunidade está longe de ser uma condição especial com a qual alguns seres humanos são dotados. É, antes de qualquer coisa, um atributo da personalidade humana, que varia ao infinito, como também ao infinito varia nossa predisposição. Somos todos dotados, pois o processo evolutivo assim nos lega, de emoções e da possibilidade de transformar essas emoções em sentimentos mais bem elaborados. A mediunidade não tem um exato correspondente biológico, como se pensa; ela age globalmente. O mesmo complexo cerebral que nos permite a manifestação dos pensamentos e das sensações dinamiza os aspectos mediúnicos. Valiosíssima, entretanto, a contribuição que as pesquisas médicas têm fornecido, pois nos auxiliam nessa compreensão.

Todo ser humano, portanto, encontra-se em condições de interagir, mesmo sem saber, com influências espirituais – influências essas que transitam no magnetismo (fluido universal) carregadas com o potencial criador dos pensamentos. Somente o espírito, na forma que compreendemos, tem condições de induzir esses padrões de ondas com suas características próprias. Emoções e sentimentos, até o mais abjeto dos seres humanos possui. Eis aí a base para a compreensão da mediunidade em sua extensão mais exata.

Antes de validarmos as comunicações intelectuais dos companheiros desencarnados, devemos nos valer da constatação dos sentimentos que eles despertam em nós. Essa é a identificação e a forma mais segura de nos tornar elementos responsáveis e fidedignos nesse intercâmbio. Será muito mais preciso desvendar as sensações que nos produziram do que os exatos conceitos que nos quiseram informar.

Abrimos espaço para acrescentar as colocações exaradas por André Luiz e que, pouco aproveitadas, continuam servindo de aviso aos companheiros que se dedicam ao exercício do intercâmbio mediúnico:

Alguns estudiosos do Espiritismo, devotados e honestos, reconhecendo os escolhos do campo do mediunismo, criaram a hipótese do fantasma anímico do próprio medianeiro, o qual agiria em lugar das entidades desencarnadas. [...] Sob a evocação de certas imagens, o pensamento do médium não se tornaria sujeito a determinadas associações, interferindo automaticamente no intercâmbio entre os homens da Terra e os habitantes do Além? Tais intervenções, em muitos casos, poderiam provocar desequilíbrios intensos. Ponderando observações ouvidas nos últimos tempos, em vários centros de cultura espiritualista, com referência ao assunto, inquiria de mim mesmo se o problema oferecia relações com os mesmos princípios de Pavlov.

Essa foi a indagação de André Luiz a Calderaro, no nono capítulo da obra *No Mundo Maior*.

Ao que Calderaro considerou:

A consulta exige meditação mais acurada. A tese animista é respeitável. Partiu de investigadores conscienciosos e sinceros, e nasceu para coibir os prováveis abusos da imaginação; entretanto, vem sendo usada cruelmente pela maioria dos nossos colaboradores encarnados, que fazem dela um órgão inquisitorial, quando deveriam aproveitá-la como *elemento educativo, na função fraterna*. Milhares de companheiros fogem ao trabalho, amedrontados, recuam ante os percalços da iniciação mediúnica, porque o animismo se converteu em Cérbero. *Afirmações sérias e edificantes, tornadas em opressivo sistema, impedem a passagem dos candidatos ao serviço pela gradação natural do aprendizado e da aplicação.* Reclama-se deles precisão absoluta, olvidando-se lições elementares da natureza. Recolhidos ao castelo teórico, inúmeros amigos nossos, em se reunindo para o elevado serviço de intercâmbio com a nossa esfera, não aceitam comumente os servidores, que hão de crescer e de aperfeiçoar-se com o tempo e com o esforço. Exigem meros aparelhos de comunicação, como se a luz espiritual se transmitisse da mesma sorte que a luz elétrica por uma lâmpada vulgar. Nenhuma árvore nasce produzindo, e qualquer faculdade nobre requer burilamento. A mediunidade tem, pois, sua evolução, seu campo, sua rota. Não é possível laurear o estudante no curso superior sem que tenha tido suficiente aplicação nos cursos preparatórios, através de alguns anos de luta, de esforço e de disciplina. Daí, André, nossa legítima preocupação em face da tese animista, que pretende enfeixar toda responsabilidade do trabalho espiritual numa cabeça única, isto é, a do instrumento mediúnico. Precisamos de apelos mais altos, que animem os cooperadores incipientes, proporcionando-lhes mais vastos recursos de conhecimento na estrada por eles perlustrada, a fim de que a espiritualidade santificante penetre os fenômenos e estudos atinentes ao espírito. [...] Vamos à tua sugestão. Os reflexos condicionados enquadram-se, efetivamente, no assunto; no entanto, cumpre-nos investigar domínio de mais graves apreciações. Os animais de Pavlov demonstravam capacidade mnemônica; memorizavam fatos por associações mentais espontâneas. Isto quer dizer que mobilizavam matéria sutil, independente do corpo denso; que jogavam com forças mentais em seu aparelho de impulsos primitivos. Se as "consciências fragmentárias" do experimento eram capazes de usar esta energia, provocando a repetição de determinados fenômenos no cosmo celular, que prodígios não realizará a mente de um homem, cedendo, não a meros reflexos condicionados, mas a emissões de outra mente em sintonia com a dele? Dentro de tais princípios, é imperioso que o intermediário cresça em valor próprio. Ocorrências extraordinárias e desconhecidas ocupam a vida em todos os recantos, mas a elevação condiciona fervorosa procura. Ninguém receberá as bênçãos da colheita sem o suor da sementeira. Lamentavelmente, porém, a maior parte de nossos amigos parece desconhecer tais imposições de trabalho e cooperação: exigem faculdades completas. O instrumento mediúnico é automaticamente desclassificado se não tem a felicidade de exibir absoluta harmonia com os desencarnados, no campo tríplice das forças mentais, perispirituais e fisiológicas. Compreendes a dificuldade?

O instrutor Áulus explica a André Luiz, no vigésimo segundo capítulo da obra *Nos Domínios da Mediunidade*:

Muitos companheiros matriculados no serviço de implantação da Nova Era, sob a égide do Espiritismo, vêm convertendo a teoria animista num travão injustificável a lhes congelar preciosas oportunidades de realização do bem; portanto, não nos cabe adotar como justas as palavras "mistificação inconsciente ou subconsciente" para batizar o fenômeno. Na realidade, a manifestação decorre dos próprios sentimentos de nossa amiga, arrojados ao pretérito, de onde recolhe as impressões deprimentes de que se vê possuída, externando-as no meio em que se encontra. E a pobrezinha efetua isso quase na posição de perfeita sonâmbula, porquanto se concentra totalmente nas recordações que já assinalamos. Como se reunisse todas as energias da memória numa simples ferida, com inteira despreocupação das responsabilidades que a reencarnação atual lhe confere. Achamo-nos, por esse motivo, perante uma doente mental, requisitando-nos o maior carinho para que se recupere. Para sanar-lhe a inquietação, todavia, não nos bastam diagnósticos complicados, ou meras definições técnicas no campo verbalista, se não houver o calor da assistência amiga. [...] Deve ser tratada com a mesma atenção que ministramos aos sofredores que se comunicam. É também um Espírito imortal, solicitando-nos concurso e entendimento para que se lhe restabeleça a harmonia. A ideia de mistificação talvez nos impelisse a desrespeitosa atitude diante do seu padecimento moral. Por isso, nessas circunstâncias, é preciso armar o coração de amor, a fim de que possamos auxiliar e compreender. *Um doutrinador sem tato fraterno apenas lhe agravaria o problema*, porque, a pretexto de servir à verdade, talvez lhe impusesse corretivo inoportuno ao invés de socorro providencial. Primeiro, é preciso remover o mal, para depois fortificar a vítima na sua própria defesa.

Impossível barrar a manifestação de nossos sentimentos. As excessivas restrições impostas por dirigentes que labutam no meio espírita apontam para o desconhecimento da real naturalidade do fenômeno mediúnico e dos demais fenômenos

de ordem psíquica. Não se pode bloquear um rio sem que ele alague os arredores formando um lago. Necessário se faz que se dirija a atenção aos conflitos pessoais. Pouco se sabe sobre a realidade espiritual da individualidade para a adoção de medidas convenientes, porém, sempre podemos ofertar um generoso ombro amigo àquele que sofre e que manifesta seu sofrimento inconscientemente – algumas vezes, por meio da atividade de intercâmbio mediúnico.

O animismo é, na maioria das vezes, a porta aberta às obsessões coletivas de um grupo de atividades mediúnicas, pois a intransigência sobressai, um desconforto crescente invade o íntimo dos envolvidos, e crescem as restrições, as imposições de conduta exemplar, que são sempre dirigidas aos outros. E nosso senso de fraternidade, onde fica?

Optamos por afastamentos. Ante o companheiro em sofrimento, perante aquele que errou, arvoramo-nos em juízes e lhe determinamos a condenação muito justa. Fora! Não serve mais! Não seria para esse momento que durante tanto tempo nos preparamos? Para, ante a injustiça, nos levantarmos para socorrer o necessitado? E quando chegar nossa vez? Não estamos livres de tais conflitos íntimos, que irrompem do inconsciente sem que esperemos ou desejemos. "Atire a primeira pedra aquele que estiver sem pecado", ensinou Jesus.

Se enérgica resistência o não levar ao desânimo, a obsessão se tornará mal contagioso, que se manifestará nos médiuns, pela perturbação da mediunidade, e nos outros pela hostilidade dos sentimentos, pela perversão do senso moral e pela turbação da harmonia. (Item 340 – O Livro dos Médiuns.) O animismo ou o desequilíbrio de um pode ser a fagulha a incendiar a intolerância e exigências de outros, a colocar o agrupamento em franco transtorno obsessivo. Por isso, o grande cuidado para o qual alertamos – cuidado esse que deve primar pelo entendimento que possuímos do drama alheio.

Não pensemos, entretanto, que essa obsessão é sempre externa e dirigida aos médiuns. Não. Na maioria dos casos são nossas próprias intransigências pessoais, o orgulho e a vaidade que criam o desconforto, dando margem ao incremento do problema por atração de companheiro em sintonia. Tornamo-nos foco infeccioso que precisa ativamente do concurso da paciência e da tolerância para encontrar o equilíbrio. Lembremos que nosso objetivo maior é aprender com as dificuldades, exercitar o patrimônio moral em franco desenvolvimento, e nessas horas conhecemos aqueles que realmente já trazem o Cristo no coração, pois agem para com os outros como gostariam que agissem para com eles.

As manifestações mediúnicas, em razão do nosso acanhado desenvolvimento moral, trazem quase sempre paridade com nossos conflitos íntimos. Não estamos, nenhum de nós, livres desse desconforto. Por isso, a necessidade urgentíssima de que venhamos a tratar de nossos doentes, e não de recriminá-los ou expulsá-los. Nosso modelo maior de caridade foi Jesus. Nesses momentos de crise, é nele que devemos buscar o exemplo a ser seguido. Devemos nos perguntar: o que faria Jesus?

O enfermo necessita de acolhimento, respeito e carinho. Somente encontrará ânimo para lutar contra suas imperfeições mais latentes ao se sentir amado e estimado pelos companheiros. Quando sentimos a sinceridade desse sentimento, recrudesce em nós o senso de responsabilidade e nos dispomos melhor para enfrentar os desafios que nos reclamam a iniciativa. Nossa alternativa é estarmos presentes, dispostos à tolerância e à paciência em benefício daqueles que sofrem, sem condenações nem julgamentos. Se formos cristãos, essa deverá ser nossa conduta.

Avaliemos, dotados destes ideais, com o bom senso inspirado pelos amigos desencarnados, se a condição do médium perturba somente a ele mesmo ou pode, de alguma forma, estar contagiando o grupo. Tenhamos a sensibilidade humanitária na hora de tomar qualquer decisão que possa interferir na vida e nos rumos de outras pessoas.

Atividades ininterruptas

Dando prosseguimento a nosso estudo, achamos interessante demonstrar ao espírito em via de reingressar na matéria, com vistas a nova etapa encarnatória, a constância ininterrupta em que ocorrem as relações entre encarnados e desencarnados. A misericórdia divina permite às criaturas revestidas do corpo biológico denso que em momentos de refazimento seus espíritos desfrutem de mais intenso contato com companheiros afins que, permanecendo desencarnados, compreendem a realidade de modo mais abrangente, inspirando resignação e tolerância aos amigos de outrora.

Seguiram, Polidoro e Izidro, para uma residência um pouco afastada, na região rural de uma cidade de médias proporções. Sobrado rústico se lhes despontava no horizonte. Naquela residência simples e bem cuidada encontrariam oportunos esclarecimentos e colheriam valiosas observações.

Como manda a boa educação, não ingressaram de imediato no lar. Aguardaram alguns instantes até que sua presença fosse anunciada e autorizada pelos presentes. Manda a polidez que se respeite a intimidade dos outros quando as tarefas não se revestem de situações emergenciais. Dada a autorização pelo companheiro desencarnado que os recebera à porta, ingressaram sem demora.

— Olá, senhor Polidoro — falou respeitosamente o espírito de aspecto extremamente humilde que os acolhera.

— Boa noite, Nestor — respondeu o instrutor. Virando-se para seu acompanhante, remendou: — Nestor é responsável por auxiliar na manutenção da tranquilidade de nossa colaboradora.

Izidro concluíra que estavam, mais uma vez, visitando o lar de uma trabalhadora do Evangelho filiada ao numerário dos médiuns espíritas. Sem muito tempo para refletir, continuou acompanhando o desenrolar do diálogo.

— Maria Isabel não se encontra no momento, mas ela me avisou que viriam e me deixou orientações para auxiliá-los no que fosse possível.

— Agradeço a gentileza. — Mais uma vez dirigiu a palavra a Izidro, esclarecendo: — Maria Isabel tem boa penetrabilidade na realidade espiritual quando do descanso corporal. Por isso é bastante requisitada para atividades junto a irmãozinhos nossos de moralidade duvidosa e pouco afeitos ao entendimento superior. Sendo avisada de nossa visita, deixou-nos à vontade para averiguar suas atividades, apenas desculpando-se por não nos poder acompanhar os esclarecimentos presencialmente.

— Podem adentrar o cômodo onde dormita seu corpo — aduziu Nestor, indicando a porta que ficava logo à frente.

Respeitosamente, nossos personagens penetraram o

modesto cômodo, onde uma senhora de feições jovens dormia tranquilamente.

— Maria Isabel é uma companheira de nosso núcleo que, antes de reencarnar, efetivou aprendizado em observações oportunas, como as que agora também realiza. Vem levando a bom termo o planejamento que lhe foi direcionado, com sua participação ativa. No momento, vive de rendimentos modestos como professora do Ensino Fundamental em escola da rede municipal. Em razão de sua dedicação às atividades que desempenha em ambas as esferas de ação, encontra dificuldade para encontrar um companheiro afetivo que, despido de egoísmo e intransigência, se disponha a compreender ou mesmo incentivar suas atividades bastante enobrecidas. Tem tido dificuldade com a solidão que afirma sentir, mas sua dedicação lhe granjeia assistência diuturna, que minimiza tais recaídas emocionais, compensando-a com atividades e oportunidades de realizar a caridade ao próximo, o que a faz esquecer por momentos os tormentos em que livremente se coloca.

Izidro refletia com relação à complexidade das situações que envolviam a vida de cada uma das pessoas com as quais pudera aprender nos últimos dias. Ficava evidente, do ponto de vista em que agora observava, que na realidade as atribulações que nos colhiam eram alimentadas por nossos pensamentos, que quase sempre agem sob profunda indisciplina.

— Bem, quero que avalie a situação da amiga – interrompeu Polidoro, indiciando o corpo em descanso.

Izidro aproximou-se e com relativa facilidade percebeu que a companheira encarnada vinculava-se ao envoltório físico por tênue filamento luminoso.

— Quero, agora, que se esforce em concentrar sua

atenção nesse revestimento fluídico que adere nossa irmã ao corpo denso. Vou auxiliá-lo para que alcance mais amplos resultados.

Esforçando-se por concentrar sua atenção na estrutura formada de fluido nervoso, aos poucos passou a colher impressões dos pensamentos produzidos pela médium. Aumentada sua perspicácia pela vontade disciplinada de Polidoro, conseguiu divisar ambientes e alguns diálogos mentais que caracterizavam a atmosfera reinante da encarnada em desdobramento.

Passados alguns minutos de esforço, Izidro dirigiu suas dúvidas ao amigo que o amparava.

— Divisei ambiente escuro e desagradável, mas, ao mesmo tempo, não senti nenhum tipo de preocupação por parte da médium. Preciso de ajuda para entender o que vi.

— Maria Isabel auxilia companheiros nossos em excursões a áreas mais afastadas, onde os pensamentos desgovernados descambam para paixões atormentadas. Sua dedicação sincera e humilde a predispõe a ser útil ferramenta nessas atividades, pois sua presença é facilmente percebida pelos habitantes que residem nessas furnas. Funciona ela como uma intermediária de companheiros mais desenvolvidos que não são percebidos por esses necessitados. É verdadeira médium para o esclarecimento alheio e aconselhamento no amor.

Experiente e amparada por orientadores e assistentes capacitados, sabe que se encontra segura e, por isso, não demonstra nenhum tipo de insegurança. Em razão de sua dedicação, capacita-se a novos esclarecimentos. Quando surge a oportunidade, participa, também, de excursões de estudo e de qualificação dos serviços que lhe dizem respeito.

ATIVIDADES ININTERRUPTAS

Quando faz jus, recebe autorização para conhecer, de maneira mais profunda, a realidade histórica dos enfermos com quem convive. A cada um segundo suas obras. Não há nenhuma forma de privilégio aqui; sua dedicação e seu esforço nobre lhe possibilitam tais circunstâncias.

— Espere, dentro de alguns minutos poderemos contar com sua presença entre nós.

Dali a alguns minutos, Maria Isabel retornou a sua residência em franca volitação, acompanhada por irmão que se responsabilizara por seu retorno tranquilo ao fardo físico.

— Olá, irmão Polidoro. É sempre um prazer reencontrá-lo.

Realizadas as rápidas apresentações, a conversa seguiu instrutiva.

— As atividades têm andado bastante intensas. Tenho passado por um momento no qual me fraquejam as forças. Tenho me preocupado em demasia com questões sentimentais, esquecendo que Deus reserva sempre o melhor para nós.

— Se tem consciência disso, por que não faz com que cessem tais inclinações? – questionou Izidro à médium desdobrada.

— Ela, apesar da lucidez que demonstra entre nós, não guarda a mesma desenvoltura quando em vigília – atalhou o responsável por conduzi-la.

— Exatamente. Não conseguimos, quando em vigília, uma completa lucidez com relação aos encontros e às experiências de que desfrutamos espiritualmente. Por vezes, como é comum, consigo, por meio de sonhos e de alguns *flashes* conscientes, colher pequenos vislumbres das atividades em que me vi envolvida, mas raramente atinjo a exatidão dos fatos. Somos responsáveis por nós mesmos; a vitória sobre nossos conflitos é mérito pessoal. Essas excursões das quais tomo parte me fortalecem o bom ânimo e me avivam intuitivamente os compromissos assumidos. As sensações que guardo são o que de mais fidedigno posso colher dessas experiências – complementou Maria Isabel.

— Por isso sempre recomendamos aos nossos aprendizes que não deem excessivo valor às experiências que guardam pouca lucidez ou que tenham sua compreensão velada. Estimulamos que se apeguem aos sentimentos envolvidos, que são muito mais exatos em nível de realidade. As excentricidades mediúnicas quase sempre têm raízes nas questões de interpretações apressadas ou equivocadas – concluiu Polidoro.

— Quase sempre nos valemos dessas oportunidades para reavivar nos encarnados os compromissos assumidos quando ainda se encontravam na espiritualidade. Guardam somente a intuição de tais estímulos, pois a decisão é individual. Cabe ao responsável arcar com as consequências quanto aos desvios de rumo. Entretanto, quando a dedicação individual prima pela disciplina e espiritualização, mais permeável se torna aos nossos alvitres e acaba por se manter mais próxima dos ideais previamente planejados – comentou o acompanhante da irmã encarnada. – Façamos uma observação – disse o responsável pela médium, solicitando sua participação com o olhar.

Maria Isabel postou-se ao lado da cama e recolheu-se em profundo silêncio. Davi solicitou-nos que o acompanhássemos em prece. Em segundos, comovida prece foi dirigida à companheira encarnada, que, aos poucos, se tornava menos visível em nosso meio, acentuando seu retorno ao campo biológico. Parecia atraída pelo campo magnético corporal;

força irresistível a puxava. Aos poucos, deu a impressão de perder a lucidez que apresentava havia pouco. Por fim, jungira-se ao corpo e, aos poucos, inundada de suores, despertou gradualmente em vigília.

As observações seguiam. A amiga encarnada abrira bem os olhos, circunvagando o olhar pelo quarto, intuitivamente parecendo buscar nossa companhia. Resolvera levantar-se e ingerir alguns goles de água. Aos poucos, em meio à sonolência, rápidos *flashes* deslizaram por suas lembranças. Identificava a presença agradável de alguns amigos que estimulavam suas atividades; sentia a presença deles, mas não os reconhecia e nem sequer sabia do que se tratava o encontro. Sentiu-se feliz com o ocorrido, e, com singela prece, voltou a se deitar. Dali a poucos instantes estava outra vez junto a nós.

– Então, o que acharam? – indagou Davi.

– Supunha que a recordação da vivência em desdobramento fosse mais ampla em se tratando de médiuns já acostumados ao fenômeno.

– Sim, é verdade que a prática tende ao aprimoramento, mas fenômenos dessa ordem dependem muito da necessidade do encarnado. Na maioria dos casos, não são necessárias essas recordações. Para que tal se dê com mais ampla possibilidade de entendimento se faz imprescindível a participação mais extensa de orientadores espirituais. Necessitamos coordenar o fenômeno aquilatando grande quantidade de energia ectoplásmica e espiritual. O médium não recordaria dos eventos com nitidez sem esse concurso. Importa que, mesmo que neguem ou não percebam nossa presença com timidez, nós estamos presentes. A ingenuidade faz com que alguns companheiros dotados de mediunidade se creiam autossuficientes.

— Lembra o que aconteceu? – perguntou Izidro voltando-se para Maria Isabel.

— Parcialmente. Sei que precisava voltar ao corpo para que pudessem fazer observações, mas não sei exatamente o que constataram – concluiu Maria Isabel, novamente entre nós.

— Essa obnubilação das faculdades do pensamento ocorre em graus diversos; suas variações são incontáveis. Em cada oportunidade, o grau de lucidez do encarnado pode variar em qualidade, portanto, esquecimentos e recordações simbólicas são perfeitamente naturais. Quando acostumados ao processo, tendem a melhor registrar nossos encontros e mais facilmente se recordar dos compromissos dos quais participam juntamente a nós, desencarnados. A desenvoltura que apresentam entre nós tem profunda vinculação com a vida moral que levam enquanto despertos no corpo. Se utilizassem os recursos espirituais disponíveis em estado de vigília com mais devotamento, como a prece, por exemplo, encontrariam maior facilidade de conviver conosco – esclareceu Davi.

Finalizados os esclarecimentos mais oportunos, despediram-se dos amigos e rumaram para outra residência. A madrugada já estava no meio quando adentraram confortável lar em bairro nobre de modesta cidade. Conforme roteiro preestabelecido, a presença de nossos personagens já se fazia aguardada.

Gentil senhor acolheu nossos visitantes logo que adentraram a casa. Damião utilizava-se do hábito religioso que envergara em sua última existência terrena, pessoa de olhar sério, que impunha respeito pela autoridade responsável que dele irradiava. Apesar da tendência ao silêncio que sua presença impunha, passados alguns instantes desse primeiro contato, divisamos nele uma bondade acolhedora.

— Boa noite, Damião – disse o orientador Polidoro.

— Seja bem-vindo — respondeu o religioso, abrindo os braços e acolhendo seu amigo em sincero abraço. — Este deve ser seu atual pupilo — afirmou, virando-se para Izidro.

Devidamente apresentados e com conhecimento das intenções que encaminharam ambos até ali, Damião concluiu:

— Peço que aguardem alguns instantes enquanto vou buscar meu afilhado espiritual, que descansa junto ao corpo.

Polidoro aproveitou a oportunidade para dar alguns esclarecimentos a seu acompanhante.

— Damião é um espírito que tem extensa ficha de serviços. Em sua última passagem pelo corpo, findou seus compromissos imediatos e mais graves na experiência reencarnatória. Aliado a um de seus companheiros de longa data, que vê como um filho espiritual, preparou-se por longo período para ministério em benefício coletivo. Em constante intercâmbio, dirige disciplinadamente o médium que vem preparando já há três encarnações. Na primeira destas oportunidades, esteve em contato direto com o médium de hoje, tendo convivido com ele e se fazendo um tutor encarnado. Na segunda etapa, esteve ao lado do encarnado estimulando-lhe os ideais nobres por meio da inspiração em serviços de assistência médica. Apesar do esforço vigoroso, somente agora crê ter atingido o estágio ideal para o desenvolvimento da tarefa a que se impôs: trabalhar pela divulgação do espiritismo em base criteriosa e responsável.

— Não supunha ser tão complexa essa preparação.

— Estamos somente abordando a superficialidade dessa preparação. Sempre que o serviço se reveste de maior responsabilidade, a preparação é intensa e prolongada. Há de se levar em consideração não somente as condições biológicas da mediunidade, mas as experiências assimiladas pelo médium em suas reencarnações, que moldaram sua individualidade e o habilitaram a direcionamentos específicos nas atividades de propagação do espiritismo. Por isso é sempre absurda a visão utilitarista que alguns confrades espíritas dão ao fenômeno mediúnico. Não se consegue um médium produtivo sem o concurso da preparação, do esforço e de muita abnegação. É preciso arar e cultivar o solo antes que as sementes frutifiquem.

— E como é comum observarmos esse entendimento distorcido entre os companheiros de ideal! Como é nociva essa suposição de que a mediunidade precisa render frutos, produzir. Talvez seja por esse motivo que tantos aprendizes se afastam, desmotivados por não obterem os resultados que esperavam.

— Exatamente. As pessoas não conseguem evitar as comparações, como se competissem em trama de vaidades fúteis. Esquecem que os resultados exigem esforço nobre, sem rancor nem objeções. Sentem inveja dos médiuns que alcançam melhores resultados com relação ao intercâmbio, mas não refletem sobre onde se encontram as razões desses resultados. A cada um de acordo com seu merecimento. Quantos não se deixam abater pela frustração quando não conseguem o mesmo êxito de um companheiro, mas esquecem de buscar os motivos. Sempre alegam falta de tempo, compromissos inadiáveis, nos quais colocam seu coração.

— Mas a mediunidade é uma condição biológica, certo?

— Sim, imaginei que fosse me fazer este questionamento. Não estamos tratando da questão fenomênica, e sim do conteúdo construtivo e da qualidade moral das comunicações. A mediunidade em si não faz essas distinções, pois é o patrimônio moral do médium que o qualifica para mais altas investidas no serviço dignificante. Não estamos refletindo sobre a existência do fenômeno mediúnico e sua constatação, mas sim sobre a demonstração de maturidade moral por parte do companheiro encarnado que aprendeu a tornar proveitosas essas manifestações.

Damião retornava ao lado de seu pupilo. Tássio era um jovem de feições delicadas. Trazia nos olhos a típica expressão do idealismo, aquele ardor fantástico capaz de grandes feitos, se bem conduzido. Aproximaram-se de nós com alegria.

Expansivo, o jovem nos abordou:

— Sejam bem-vindos, meus caros amigos. Muito me agrada a visita de vocês.

Polidoro sorriu. Conhecia o jovem e sabia de seu entusiasmo com relação às atividades às quais estava filiado no contexto mediúnico.

— Creio que estamos às ordens para os esclarecimentos oportunos que nosso irmão veio até aqui colher — disse olhando para Damião, como que confirmando a afirmação que fizera.

— A palavra é sua — Polidoro apontou com os olhos para Izidro.

— Eu? — perguntou, em dúvida, o visitante.

— Perdoe-nos a indiscrição. Creio que me esqueci de informar o trabalho mediúnico no qual nos empenhamos atualmente — disse Damião. — Tenho a responsabilidade de direcionar a encarnação atual de Tássio com vistas à sua disponibilidade para serviços de intercâmbio instrutivo por meio da escrita. Estamos, portanto, imbuídos de complexo processo de construção mediúnica por meio da psicografia. Particularmente, não sou eu que devo redigir os textos nem fornecer os informes para os quais nosso irmão servirá de canal quando encontrar a devida maturidade do ponto de vista psicológico e biológico. Preparei-me durante muito tempo, juntamente com ele, especializando-nos em estudos com relação ao intercâmbio mediúnico, para que pudesse, na condição de espírito desencarnado, fornecer diretrizes seguras aos objetivos mais elevados a que nos filiamos. Sou como que o procurador do médium para assuntos de ordem mediúnica.

– Entendo – comentou Izidro. – E como funciona a aproximação dos encarregados de escrever e ditar as notas importantes?

– Faz vários anos que nos envolvemos em tal projeto. Tanto eu quanto o médium, momentaneamente encarnado, participamos ativamente na preparação das bases para esse ministério. É um planejamento continuado, pois não se detém nesta única encarnação. Em momento posterior, também retornarei à crosta, e Tássio fará, junto a mim, trabalho similar ao que hoje desenvolvo. Não mais nos cremos no direito de receber sem dar nossa contribuição em troca e, na medida em que compreendemos mais, nos esforçamos para servir.

"Infelizmente, há enorme carência de bons médiuns, daqueles que se utilizam do dom mediúnico para fins de proveito coletivo. A maioria recai nos velhos vacilos do passado, resvala na vaidade e promoção pessoal, esquecendo que de nada vale demonstrar histórias sem uma base moral bem fundamentada por detrás do enredo de sua própria vida. Creio que Tássio pode lhe informar os compromissos assumidos."

– Entendo o que deseja saber. Não vou lhe dar nomes, pois essa curiosidade não se fundamenta. Julgo o serviço pela qualidade moral que apresenta, e não pelo currículo dos envolvidos. Dessa forma, comprometemo-nos a assumir responsabilidades de grande monta. Precisamos nos preparar dignamente, demonstrando nosso merecimento para que os nobres instrutores que carecem de canais para falar com a humanidade participem no momento oportuno. Não deixo de receber incentivo de companheiros na direção espiritual dos serviços a que nos filiamos, eu e Damião. Entretanto, a responsabilidade pelo êxito depende de nosso esforço, e muita dificuldade se tem encontrado. Não somos missionários, como costumam, equivocadamente, denominar os espíritas quando se deparam com alguém que atingiu certo êxito com relação ao planejamento reencarnatório. Nossos irmãos mais nobres, em termos de desenvolvimento moral, valem-se de todas as portas abertas para acolhê-los. Onde houver o desejo sincero de servir haverá mobilização espiritual para tal. Entretanto, para atingir esse patamar é necessário um altruísmo difícil de encontrar entre os encarnados. Quando estamos na crosta, costumamos nos preocupar mais com nossos interesses e tememos ser diferentes da sociedade com relação aos valores que abraçamos.

— Peço que comente com meu amigo como se processa a informação mediúnica com vistas ao serviço de psicografia – solicitou Polidoro a Damião. – Já acompanhamos mais de perto o mecanismo desse fenômeno com relação à comunicação com desencarnados de condição moral duvidosa.

— O médium de qualidade, no que diz respeito à questão moral, é aquele que consegue, por esforço próprio, minimizar os constrangimentos impostos ao espírito comunicante, exigindo menos dos espíritos comunicantes porque doa mais de si mesmo. O medianeiro é um intermediário, mas não existe neutralidade nessa interação. O encarnado influencia sempre o fenômeno de que se vê intermediário. Seu vocabulário psíquico é mobilizado para dar forma às impressões que recebe de maneira mais ou menos lúcida. Apesar de nossa longa preparação, não estamos aptos, ainda, a executar serviço de maior vulto junto aos desencarnados. Atualmente, Tássio lida bem com espíritos em condições medianas como as nossas. Vez por outra, como é comum acontecer, tem a possibilidade de receber algum comunicado de incentivo de nossos superiores, mas talvez não seja, ainda, nesta encarnação que vamos conseguir ofertar campo fértil aos amigos mais experientes.

— Não pensei que fosse assim tão complexo – comentou Izidro impressionado.

— Por isso a grave preocupação, que sempre esteve presente, obrigando os orientadores espirituais dedicados ao intercâmbio mediúnico no que concerne à vaidade e ao orgulho de médiuns desavisados – informou Polidoro.

— É comum vermos médiuns incipientes, que apenas principiam os primeiros passos nas tarefas cristãs, serem elevados a altares de adoração. Basta que alguns sinais de incentivo se manifestem para que o médium seja considerado especial, diferente dos outros, como se isso fosse verdade ou do interesse dos espíritos instrutores. Quando se passa a pensar assim, se foge definitivamente das boas influências. O grande esforço da espiritualidade para preparar bons sensitivos de que possam se valer passa por encorajar neles a exemplificação. De nada valem palavras que não são convertidas em demonstrações pessoais. É preciso que sejamos iguais; a excentricidade afasta os médiuns da verdade. Jesus, em sua trajetória evolutiva, foi um ser humano com as mesmas limitações que nós. Seu apostolado é uma demonstração viva do poder que tem nossa força de vontade de transformar a sociedade. – Enquanto Damião falava, seus olhos se mantinham fixos. – Surgem os primeiros sinais de uma mediunidade que parece ser produtiva, e vários insetos vão ao encontro do foco de luz. Aprendizes com mais tempo de permanência na crosta logo passam a estudar e a observar o principiante sensitivo, que se torna alvo de diferentes comentários. Alguns o exaltam, outros o criticam, a inveja desponta e a probabilidade de êxito vai diminuindo. Eles esquecem de se preocupar com o próprio progresso, de estender a mão uns aos outros; tudo desvia a atenção dos incautos para aspectos sem importância no processo, tolhendo-lhes a iniciativa. Como é difícil obter bons médiuns! Se já não bastassem as imperfeições inerentes a nossa trajetória evolutiva, que são o verdadeiro motivo dessas oportunidades, ainda é preciso dedicar ampla atenção às influências nocivas que dirigentes e renomados servidores de centros espíritas lançam uns sobre os outros. Entretanto, faz parte do processo e precisamos aprender a ter paciência com esses desvios tão comuns.

— Entendo. – Izidro silenciou alguns instantes e fez nova pergunta aos presentes: – Qual a finalidade desses contatos espirituais na hora do sono, como o que agora desfrutamos, com relação ao fenômeno mediúnico?

Tássio se prestou a responder:

— Não sou um médium de faculdades inconscientes e, de certa forma, isso exige menos dos espíritos que desejam se comunicar por meu intermédio. Ampliando meu campo perceptivo, acabo me tornando mais receptivo a diferentes sintonias. Mas há, por outro lado, uma inerente dificuldade. Não encontro muita precisão em obter dados específicos. É necessário um esforço contínuo e uma prática que me alimente a autoconfiança para tais empreendimentos mais precisos. Aí é que entra o fundamental papel dos encontros propiciados pelo sono. Tenho a oportunidade de confabular com os futuros comunicantes, preparando-me para apresentar maior receptividade às informações que me prestarão. Damião, em conjunto com outros instrutores, mobiliza em mim possibilidades psíquicas que estou longe de compreender em toda sua extensão, mas que sei serem fundamentais no processo de intercâmbio.

Izidro dirigiu um olhar indagador a Damião, que se vendo solicitado comentou:

— Mobilizamos conhecimentos e experiências pretéritas que possam servir como vocabulário de interpretação para o processo de captação e compreensão da comunicação mediúnica. Evitamos lhe avivar questões desnecessárias, e obtemos bom êxito com esse procedimento. É claro que não podemos nos valer de tais contingentes com médiuns despreparados. A tendência natural é que os encarnados exagerem na importância desses sonhos ou recordações, e não é essa a nossa intenção. Tássio é estimulado a não se preocupar com isso, pois sabe que tornamos latente a informação para que ela seja, posteriormente, mobilizada por nossa ação quando do intercâmbio.

— E como fazem para que se recorde?

— Há diferentes modalidades de hipnose de que nos valemos. Entretanto, as condições biológicas de Tássio foram preparadas para que sua mediunidade nos desse tal condição, além de sua maturidade emocional e do esforço que vem empenhando, atendendo ao nosso incentivo e aos compromissos previamente firmados.

— Creio que devemos voltar, Damião – comentou Tássio, preocupado com o avançado da hora.

– É verdade – o orientador de Tássio falou aos visitantes. – Infelizmente, não desfrutamos de mais tempo. Há necessidade de que auxilie Tássio no estudo de alguns dados importantes para a transcrição de mensagem psicográfica posterior. Espero que tenhamos sido de alguma valia em suas observações.

Ambos se despediram e partiram para suas atividades particulares.

Havia se passado algumas horas, e o Sol já aquecia a manhã. Polidoro buscou refúgio em modesto lar que serviria de abrigo e local oportuno para apreciações, até o momento em que fosse propício o deslocamento para centro espírita próximo, onde efetuariam as últimas observações dessa excursão. Quando a tarde chegou, partiram ambos em busca de conhecido núcleo espírita da região.

Logo na entrada puderam visualizar grande letreiro com o nome da instituição e sua vinculação institucional a órgãos reguladores. Izidro sentiu-se tranquilo; não imaginava o que estava por vir. Polidoro aconselhou seu tutelado a ser o mais discreto possível, pois era preferível que nem fossem percebidos. Adentraram o recinto e, logo ao transpor a porta de acesso, foi possível perceber que enorme algazarra caracterizava o ambiente espiritual.

Izidro olhou intrigado para seu instrutor. Este mentalmente solicitou paciência ao aprendiz. Entre os encarnados, poucos ainda, observou que a conversação menos digna grassava. Certamente que o ambiente espiritual era fruto da invigilância dos presentes, deveriam ter comparecido na companhia dos mesmos.

Caminharam pelas dependências do prédio e encontraram mais alguns encarnados. Estes, em surdina, comentavam sobre a vida pessoal de outras pessoas, julgando e avaliando sua conduta e comportamento. Junto a eles, dois desencarnados se divertiam incentivando a cizânia.

Polidoro fez um sinal com a mão, e Izidro o acompanhou até o lado de fora do prédio. Encontrando um local razoavelmente confortável, se dispuseram a conversar.

— Agora pode perguntar – falou Polidoro.

— Que atividades são essas?

— Infelizmente, não há atividade alguma em andamento.

— Como assim? Não se trata de amparo a companheiros que sofrem a influência de desencarnados?

Polidoro mudou a expressão e comentou em tom triste:

— Não.

— Então, quem são essas pessoas?

— São os trabalhadores deste agrupamento.

Izidro trazia a incredulidade estampada no rosto.

— Não fique tão surpreendido; tais ocorrências são mais comuns do que se imagina.

— Mas pensei que esse grupo possuía vinculações com órgãos federativos. E os estudos?

— Meu filho – disse Polidoro, compadecido da ingenuidade do pupilo –, nessas normas não há garantia alguma de êxito.

— E os estudos, não alcançam o objetivo esperado?

— Estudo sem amor apenas acentua mágoas e rivalidades.

— Então estudar é ruim?

— Jamais. No entanto, onde imperam a vaidade e o orgulho, o estudo se torna mais um motivo de desavença.

Estamos constatando a realidade do nosso hábito de imaginar que as lições sempre são para os outros, ao invés de aplicá-las a nós mesmos. O estudo pouco servirá se entre as pessoas não houver o sentimento de fraternidade e união simpática. Normas e imposições não alcançam esses resultados.

— E a responsabilidade desses médiuns? Como ficam as pessoas que aqui frequentam?

— Quando possível, as encaminhamos a outros locais, porém, cada um recebe o auxílio que necessita conforme se faz merecedor, independentemente da desorganização afetiva do grupo. Os frequentadores não estão desamparados e, muitas vezes, são eles que nos auxiliam no equilíbrio de algumas atividades que se consegue levar a termo.

— Como isso foi acontecer?

— Esse grupo cresceu demais. Impôs demasiadas regras, tornou-se frio e indiferente. Observe que a alegria foi substituída pela obrigação e o cumprimento de regras.

Algumas pessoas começaram a chegar ao centro espírita. Alguns traziam seus acompanhantes espirituais, outros os encontravam dentro do prédio. Polidoro fez sinal indicando que deveríamos retornar e acompanhar o transcurso das atividades.

Lá dentro, a conversa imperava; não que fosse proibido conversar, mas sempre, em qualquer situação, devemos cuidar melhor dos assuntos e das expressões que utilizamos para nos comunicar. Tanto encarnados quanto desencarnados expunham, sem pudor, suas preocupações momentâneas, criticavam a vida política do país, contavam anedotas, maldiziam os vizinhos, reclamavam dos familiares e observavam os atributos físicos dos frequentadores.

O circo estava armado; a desorganização era completa. Polidoro solicitou que eu fizesse algum esforço no sentido de observar os discretos trabalhadores desencarnados que não se detinham em avaliações e julgamentos e se dispunham ao serviço da maneira que fosse possível. Em torno de cento e cinquenta pessoas lotavam o salão. A conversação perturbava o ambiente, em razão dos excessos. Na hora aprazada para o início da reunião pública, com a presença de companheiro encarnado que se dispôs à prece inicial, o silêncio foi conquistado e certa tranquilidade pareceu reinar no recinto. Entretanto, mentalmente, o problema continuava o mesmo – apenas a boca havia consentido em se fechar.

Durante trinta minutos, o palestrante conseguiu, com muita dificuldade, explanar sobre conceitos instrutivos da Doutrina Espírita. Na verdade, a palestra caracterizou-se quase toda pela leitura, mas foi o recurso encontrado para viabilizar as orientações necessárias. Entediados, muitos dos frequentadores desencarnados deixaram momentaneamente o local e relativa tranquilidade foi possível para melhor atender os demais frequentadores de ambos os planos.

Finalizada a atividade principal, cada pessoa presente tomou o rumo de seus compromissos pessoais. Os servidores encarnados do agrupamento se distribuíam em suas tarefas corriqueiras. Alguns frequentadores que haviam chegado mais cedo para conseguir uma audiência com algum médium experiente do grupo permaneciam na espera. Funcionava, naquele agrupamento, serviço de psicografia ao público. Na maioria dos casos, as pessoas solicitavam informações de familiares desencarnados e, entregando o nome completo e uma foto nítida, conseguiam a resposta que tanto desejavam.

INFLUÊNCIAS PERNICIOSAS

Polidoro e Izidro permaneceram próximos dos médiuns que desempenhavam as atividades de psicografia. Em saleta separada, três médiuns se dispuseram ao intercâmbio. Concentrados, com o lápis e a folha de papel à mão, aguardavam o contato com os familiares que, evocados, deveriam trazer notícias. Como já descrevemos, o ambiente era bastante insalubre do ponto de vista moral. Muito descuidados, realizavam uma prece introdutória em que somente os lábios tomavam parte.

Era possível perceber alguns dignos servidores próximos desses encarnados. Eles tinham o olhar triste e acompanhavam o andamento das atividades, sem espaço para participar. Cheios de si, bastante acostumados ao intercâmbio mediúnico, os médiuns acreditavam que conseguiriam obter todas as respostas que desejassem.

Um auxiliar encarnado se colocava junto a cada um dos três médiuns. E, munidos de alguns dados e da fotografia do falecido, passavam a mentalizar aquele que desejavam que se comunicasse. A evocação tinha ares de ordem, e não se aceitaria uma negativa para a petição. O orgulho dos envolvidos não permitiria que o êxito não fosse alcançado. Na verdade, estavam havia tanto tempo fascinados pelo intercâmbio mediúnico que tinham deixado de lado qualquer noção instrutiva, que deveria ser constante. Em suma, nem sequer conheciam as bases mais simples do intercâmbio mediúnico.

Polidoro indicou a Izidro que seria interessante observar o que os médiuns escreviam. Sem que fossem percebidos, trocavam informações sobre o que constatavam.

— Avalie o conteúdo da informação – enfatizou o instrutor.

— Não há nada de mais. O nome do desencarnado e expressões banais que não indicavam, de forma alguma, a identificação do familiar desencarnado.

— Exatamente. Você percebeu a ação de algum desencarnado junto ao médium?

— Não tinha reparado nisso. Pensei que poderia se dar uma comunicação a distância, mas realmente não há nenhum indicativo disso. Se não há espírito algum, a mensagem foi toda lavrada pelo encarnado?

— Sem dúvida alguma. Nosso pobre irmão não aceita sua dificuldade e busca forçar o fenômeno mediúnico, que deveria ser espontâneo. Infelizmente, o orgulho o coloca nessa situação. Teme admitir suas dificuldades e, como todo o grupo se contagia nesse comportamento, não há ninguém que possa auxiliá-lo ou que sequer perceba essa situação. Mas passemos a outro caso.

Dirigiram-se para junto de outro médium. Com esse, realmente, o desencarnado da fotografia tentava contato. Não que o médium oferecesse reais possibilidades para o intercâmbio, mas os familiares e o próprio desencarnado faziam por merecer a oportunidade.

— Avalie a comunicação que vem sendo obtida.

O comunicante desencarnado se esforçava por transmitir seu parecer. Concentrava-se tentando objetivar uma mensagem consoladora, que demonstrasse sua saudade, mas que preferencialmente tranquilizasse os familiares encarnados com relação à situação em que se encontrava. Entretanto, o médium dava ares dramáticos à comunicação. Colocava suas angústias pessoais mescladas com o texto do espírito comunicante, descaracterizando, assim, o propósito da mensagem. Havia, ali, a participação do comunicante, mas, infelizmente, não colimava seus objetivos.

O desencarnado, que percebeu nossa presença, nos observava perplexo e entristecido. Seu nome assinaria aquelas páginas, mas as mesmas não traziam a mensagem consoladora que desejava ofertar a quem amava. Felizmente, algo de bom acabaria resultando daquela mensagem. A família, que desconhecia os fenômenos mediúnicos, não possuía subsídios para avaliar o lugar em que estava e tampouco a qualidade da mensagem obtida e seu processo de produção. Eles sairiam dali realmente consolados, pois a fé lhes alimentava o íntimo.

O terceiro médium de psicografia caracterizava-se por uma situação ainda mais complexa. Surgira, em outros tempos, como promissor instrumento da espiritualidade; via e ouvia os espíritos com facilidade. Adorado pelos companheiros de causa, viu-se, aos poucos, conduzido à idolatria, na qual acabou por se envolver. A cada sucesso, exaltavam-se suas qualidades morais, que não eram grande coisa, mas as pessoas não conheciam sua intimidade para avaliar. Completamente fascinado, rapidamente deixou de ouvir orientações da parte dos amigos invisíveis que não viessem ao encontro de sua vontade. Caiu, assim, em amplo processo obsessivo. Tornou-se marionete nas mãos de irresponsáveis condutores espirituais. Muitas tentativas já haviam sido realizadas no sentido de colocar o médium em contato com amigos espirituais, mas ele se negava a mudar e reclamava da atuação desses companheiros interessados em seu bem-estar. Em suma, era um fascinado subjugado por seu próprio ego.

Junto dele, o desencarnado que desejava se manifestar, dando prosseguimento às suas mensagens destituídas de valor, apresentava, na noite de hoje, especial dificuldade. Acostumado à facilidade de se comunicar com seu companheiro encarnado, não conseguia os resultados esperados. Uma jovem viúva, muito bela, havia solicitado informações do esposo recém-falecido. Entretanto, o esposo não se encontrava entre nós; não chegara ao nosso plano em boas condições. Na verdade, sua presença seria prejudicial, pois o contato despertaria saudades muito intensas e, certamente, sua presença redundaria em trabalho extra para os servidores desencarnados junto da viúva.

A dificuldade que irritava o obsessor desencarnado advinha da vontade firme do pai da jovem, que, também desencarnado e sem ser diretamente por ele percebido, colocava entraves nas intenções despudoradas da dupla. A jovem, tímida e assustada, do lado de fora, rogava a Deus que o ajudasse. O apreensivo pai desencarnado solicitou com o olhar o concurso de Polidoro, que prontamente se dispôs a auxiliar.

Polidoro se dirigiu à jovem e, concentrando sua atenção nela, induziu-a a certo mal-estar, um desconforto que lhe despertou a dúvida quanto ao que estava fazendo naquele lugar. Valeu-se de certo preconceito que a jovem possuía com relação ao espiritismo para induzi-la a voltar para casa sem esperar pela resposta que solicitara. Retornou para junto do médium quando este já dava notas finais à mensagem que reforçara com suas intenções nada nobres.

O senhor desencarnado, que na última experiência reencarnatória havia sido genitor da moça, agradeceu sorridente o auxílio que Polidoro havia prestado e logo se dispuseram a sair.

— E então, o que achou?

— Triste, muito triste. São locais assim que colocam entraves ao espiritismo.

— Há um grande equívoco entre as pessoas, e digo, em especial, com relação aos próprios adeptos do espiritismo. A denominação religiosa de um local não indica que esteja em situação superior à das demais. O que dá respaldo às reuniões de qualquer matiz religioso são as intenções daqueles que ali se reúnem, a boa vontade, o empenho, a entrega pessoal e o desinteresse. Por isso, trazer estampado na fachada dos prédios ou possuir documentação de credenciamento a entidades que dizem regular o espiritismo tem resultado prático quase nulo. O foco dos espíritas tem se concentrado muito mais nas questões de opinião pessoal do que na convivência fraterna entre os colaboradores. Que importam querelas quando o fundo das intenções é sincero e converge para a mesma direção? São essas picuinhas que, fermentadas, fazem desmoronar a estrutura moral das agremiações e culminam em dramas como estes a que assistimos. Vamos encontrar processos semelhantes em todos os núcleos religiosos, independentemente da filiação a que pertençam.

— E com relação às pessoas que aqui vêm?

— Cada um coloca seu tesouro onde vai seu coração.

A jovem viúva foi auxiliada, assim como a família do primeiro comunicante que observamos. Mesmo do mal se consegue tirar coisas boas.

— Mas a jovem não simpatiza mais com o espiritismo – expôs Izidro, confuso com o bem a que se referia o instrutor.

— Já não simpatizava. No desespero, as pessoas traem suas próprias convicções. O fato de ser avessa à crença nos espíritos não significa que ela não pode contar com nosso concurso. Apesar da pouca fé de nossa irmã, ela tem intenções nobres, pauta sua vida por conceitos morais agradáveis à boa convivência. Para ela, no entanto, não chegou a hora de se voltar para as questões do espírito. Sua fé na sobrevivência da individualidade complicaria a situação do esposo, pois desejaria ardentemente a presença dele junto de si. Excessivamente sentimental, atrairia para si amplo processo obsessivo que, com facilidade, por suas características, redundaria em suicídio, ato que já cometeu em existência anterior por questões de ordem afetiva. Mais amadurecida, terá melhores condições de avaliar sua situação e, quem sabe, se assim desejar, aproveitar a oportunidade para conhecer os enunciados de Allan Kardec.

— Não pensei que fosse tão complexo.

— Ajudar é sempre complexo. Há necessidade de enorme especialização para que possamos apreciar com maior extensão as questões que dizem respeito às necessidades e reais possibilidades dos envolvidos, saber quando devemos intervir e até que ponto se pode agir.

— Felizmente, sempre há aqueles que sabem mais que nós – disse, sorrindo, Izidro.

— Vamos a mais uma observação – convidou Polidoro.

Volitaram até um posto de socorro localizado na crosta.

Aguardariam até o alvorecer do próximo dia. Enquanto isso, ambos aproveitariam para auxiliar e visitar companheiros infortunados. Na manhã do dia seguinte, o Sol ainda lançava sua claridade sob nuvens espessas quando saíram em direção ao centro urbano de pequena cidade. Polidoro ia à frente parecendo procurar algo, e Izidro o seguia, bastante curioso. Ao avistar um pequeno estabelecimento comercial que tinha acabado de abrir suas portas, Polidoro para lá se dirigiu.

Haviam chegado a pequena banca de jornal. Izidro estranhava a intenção de seu instrutor com aquela parada. Polidoro sorria da perplexidade curiosa de seu pupilo. Aguardaram que algum transeunte se dispusesse a adquirir um jornal diário. Poucos minutos se passaram até que o primeiro cliente chegasse apressado, pedindo um exemplar do dia.

— Venha, vou saciar sua curiosidade – falou o instrutor a Izidro, enquanto sorria.

Ambos se aproximaram do jovem rapaz que caminhara até uma parada de coletivo próxima. Parando, passou a folhear o jornal. Polidoro se concentrou e induziu o leitor encarnado a parar nas páginas que gostaria que servissem de aprendizado a seu tutelado. O jornal ficou aberto na página do noticiário local, mas logo ao lado estavam estampados alguns anúncios particulares. Entre esses havia vários que davam conta de serviços prestados por videntes, médiuns e magos.

Izidro começou a entender quais as intenções de seu tutor. "Mas por que não disse que era isso o que procurava? Poderia ter poupado tempo", pensava.

— Não teria o mesmo efeito. Creio que aguçando a sua curiosidade reterá mais devidamente a gravidade da questão que abordaremos. Além do que, é necessário que avaliemos quais as ofertas extravagantes que caracterizam estes serviços.

Passaram a ler e, com facilidade, Izidro compreendeu as últimas palavras de Polidoro. Ofereciam-se serviços de toda a espécie, desde casamentos, separações, ofertas de emprego, cura de impotência sexual, tudo à custa de serviço espiritual.

— Entende o que queria que visse? Vamos visitar outra categoria de médiuns, que não pertencem a filiação religiosa ou filosófica alguma. Pretendo lhe fornecer a possibilidade de averiguar os extremos. Primeiro, vamos visitar um desses médiuns dos anúncios.

Escolheram um anúncio cujo endereço era próximo. Seguiram prestamente na direção indicada. Com facilidade encontraram o local. Uma pequena casa se erguia num bairro pobre da cidade, e era ali que o anúncio dizia atender a médium. Sem serem avistados pelos transeuntes, adentraram o imóvel.

Era uma casa de pequenos e apertados cômodos, bastante escuros e com as paredes necessitando de pintura. Uma típica casa do bairro em que se encontravam, onde as dificuldades financeiras avassalavam muitos lares. Uma pequena mesa estava disposta logo na entrada. Era onde a dona da casa fazia seu serviço.

Aguardaram até que um cliente da vizinhança se aproximasse. A senhora, que devia ter pouco mais de trinta anos, desgastada pelas dificuldades, aparentava bem mais de quarenta primaveras. Acolheu o primeiro consulente com simpatia; eram conhecidos. Dedicava-se, pois sabia que os tempos eram difíceis e poucos clientes a visitavam. Ofertando-lhe uma cadeira, pediu que se sentasse à sua frente.

— Bem, senhor Frederico, em que posso ser-lhe útil? — perguntou a médium, interessada em agradar ao cliente.

INFLUÊNCIAS PERNICIOSAS

— Acho que minha mulher está tendo um caso.

Não vamos entrar em detalhes, porque este diálogo nada acrescentaria à narrativa. Passemos aos apontamentos.

— A moça, realmente, tem sensibilidade para o contato conosco, isso ficou evidente – comentou o aprendiz.

— Sim, não há como duvidar, entretanto, suas companhias carecem de boas intenções e de reta conduta. Os desregramentos são comuns tanto entre os encarnados quanto entre os desencarnados que aqui frequentam com assiduidade.

— Por quê? A moça não recebeu o amparo espiritual devido?

— Não duvide disso, meu caro. Já deveria saber que ninguém está desamparado. Para que fique mais fácil de compreender, vou lhe relatar a trajetória de nossa amiga nesta encarnação. Casou-se Solange, esse é o verdadeiro nome da médium, muito nova, na flor da juventude, com um rapaz mais velho que ela alguns anos. Ele exercia a profissão de caminhoneiro. Afeito a bebida e aos prostíbulos, aos poucos, passou a desfalcar financeiramente a família que havia constituído. Nessa época, Solange aguardava o terceiro filho. Em constantes atritos conjugais, ele a abandonou e ela nunca mais teve notícias de seu companheiro. Grávida, obteve a simpatia de alguns vizinhos, que durante algum tempo a auxiliaram, suprindo suas necessidades básicas; entretanto, faltava-lhe quase tudo. Algum tempo depois que teve seu terceiro filho, passou a não mais contar com a ajuda que vinha recebendo, pois todos diziam que ela já podia trabalhar.

"Conseguiu que alguns parentes aceitassem olhar as crianças enquanto trabalharia como doméstica em uma casa de classe média no centro da cidade. Nessa época, já sabia que conseguia facilmente entrar em contato com espíritos desencarnados. Durante a adolescência tivera esses primeiros contatos, mas nunca deu muita importância a isso. Trabalhando como doméstica, conheceu uma amiga de sua patroa. Essa senhora frequentava cartomantes e era afeita a crenças extravagantes. Solange surpreendera sua patroa e a amiga em conversas e começou a apresentar vivo interesse no assunto. Sensível aos fenômenos mediúnicos, percebeu que possuía potencial para tentar o mesmo empreendimento. Convenceu a amiga de sua patroa a acompanhá-la até sua casa, pois acreditava que alcançaria bons resultados. Realmente os atingiu, e a consulente pagou-lhe a mesma quantia que pagava ao médium que costumava frequentar.

"Inexperiente, Solange foi seduzida pela facilidade do serviço. Deixou o emprego de doméstica, que garantia o sustento básico da família, e passou a apostar no mediunato. Diversas vezes, esteve em contato com uma vizinha, que tentou dissuadi-la dessa conduta equivocada. Fez a opção por conta própria, e pouco se pôde fazer perante sua resolução inabalável."

— E esses espíritos que a assistem?

— São espíritos interessados no intercâmbio, que, ainda muito vinculados às sensações do corpo, fazem exigências extravagantes para atender às solicitações que lhes são feitas. Estão em sintonia com os frequentadores do lugar; seus interesses são de ordem secundária, pois concentram-se em questões que lhes possam redundar em prazeres imediatistas. Em sua maioria, não são eminentemente maus, apenas ignorantes. Existe uma complexa influenciação mútua que se caracteriza numa obsessão de difícil solução em curto prazo.

— Pode-se fazer algo pela família?

— Nunca se deixou de fazer, nem pela família, nem

pelos frequentadores e muito menos em relação aos desencarnados. Entretanto, é necessário que eles próprios se auxiliem, pois estão desinteressados de nosso concurso no momento. Mas dia virá em que estarão mais dispostos e cansados de buscar o supérfluo e aceitarão nosso alvitre. É uma pena que ainda tenhamos a necessidade de choques bruscos para buscar tais alternativas.

— O que dizer da nomeação de que se utiliza Solange? Ela se diz médium espírita.

— Ora, meu caro Izidro, por que isso o preocupa? Por acaso viu algo que, de alguma forma, se assemelha às diretrizes tão bem elaboradas por Allan Kardec? Basta um rápido olhar para percebermos que sentir os espíritos não significa ser adepto do espiritismo.

— Sim, verdade, mas não deturpa a imagem da Doutrina Espírita?

— Não é a imagem que deve nos preocupar, mas o íntimo das criaturas. Que importa a denominação que usem? Quantos espíritas há que não têm no coração as bases do cristianismo de Jesus? Ambas as doutrinas são uma só. Não faz diferença nenhuma o nome que a irmã dá ao seu serviço. O que vale sua crença se suas atitudes não são pautadas pela fraternidade, pela dignidade humana, pela tolerância? É mais importante que sejamos tolerantes para com a ignorância alheia do que nos preocupar com os nomes que envergam. — Polidoro sorriu condescendente ao seu pupilo inexperiente e ainda preocupado com as questões de ordem normativa.

— É que quando encarnado quero seguir as bases lançadas nas obras de Kardec, e temo que essa diversidade de crenças que existem no espiritualismo moderno dificulte a minha caminhada.

— Entendo seu receio, mas novamente lhe faço a ressalva de que não importa a fé que vai nortear o seu viver. Lembre-se de cultivar na intimidade a fé viva, que abrirá as portas de sua consciência aos conselhos amigos. Lembre-se de perdoar os outros e a si mesmo, pois somos ainda muito incipientes nas questões espirituais, haja vista a preocupação demasiada que temos com regras e quantos atritos e desentendimentos criamos com isso. Não seria muito mais importante se soubéssemos viver amigavelmente? – Silenciou um instante e completou: – Venha, deixemos nossas preces junto de nossa irmã e partamos. Quero lhe mostrar algo sobre o que acabamos de conversar.

Os dois se dirigiram para o interior de um estado que ficava no coração sertanejo do país. Casas rústicas localizadas em região árida davam o tom do lugar. Imperava a falta de todo tipo de conforto material. Água ali chegava somente o necessário para a sobrevivência, não havia luz e a comida era conquistada com extremo sacrifício. Nem por isso deixava-se de perceber pelo local a benevolência divina, que parecia estar entranhada no coração pobre e sertanejo, que, mesmo refém das maiores intempéries, guardava fé ardente no supremo Criador do universo.

Polidoro e Izidro pediram licença para ingressar no casebre, de um único cômodo, onde residia a última sobrevivente de numerosa família. Dona Teresinha, com seus quase oitenta anos, idade difícil de se atingir naquelas condições, permanecia em suas atividades. Cuidava de pequena horta, criava alguns magros animais e servia de arrimo espiritual ao povo das redondezas, desamparado de qualquer outra forma de fé. Como a fé por ali era sincera, encontrava-se enraizada em todos os corações. Mesmo perante todas as dificuldades, todos ali confiavam seu destino a Deus e, sem

INFLUÊNCIAS PERNICIOSAS

relutância, aceitavam os problemas mais ásperos sem se lamentar nem recriminar quem quer que fosse. Confiavam que o dia seguinte sempre poderia ser melhor. Mesmo quando passavam fome e tinham sede, nada abalava a fé simples daquelas pessoas. Dona Teresinha havia tido especial participação no fortalecimento dessa fé substancial.

Sem estudo, era analfabeta, mas trabalhadora ativa e apóstola da caridade, pois nunca deixou de estender a mão a quem lhe buscasse ajuda, mesmo que ficasse privada de comida. De jeito simples, guardava no canto da casa, sobre uma pequena prateleira de palha, a imagem de Nossa Senhora, a quem rezava todos os dias com sua simplicidade. Afirmava ser crente em Deus, pois não conhecera nenhuma religião. Aquela imagem fora de sua mãe, que lhe ensinou a apresentar todos os seus pensamentos a Deus, aguardando seu aval.

Dona Teresinha era um espírito acendrado no cumprimento integral da tarefa a que se propusera antes de reencarnar. Expiava faltas por meio das privações pelas quais passava, mas não se esquecia de praticar a caridade em toda sua extensão, como o óbolo da viúva do Evangelho de Jesus. Era a mãe espiritual daquele povo pobre; conseguira inclinar muitos daqueles espíritos insubmissos de outrora à fé em Deus. Com seu jeito simples e linguajar rústico, dizia o que era necessário para animar as vontades que fraquejavam. Tornou-se parteira e benzedeira, e muitas curas obtivera com sucesso, pois a fé simples e sincera lhe granjeava o concurso de reluzentes entidades do espaço. Naquele lugar sem médico e sem igreja, todas as aflições se voltavam para ela, que, com fibra inabalável, seguia trabalhando até o dia em que aprouvesse a Deus chamá-la.

— Percebe o contraste em relação ao que conversamos

ainda há pouco? Estamos diante de um espírito que conquista, nesta existência, muito mais méritos do que nós dois juntos possuímos. Tem ela religião? Faz ela algum tipo de ritual imitado? Quais são suas preocupações? – falava Polidoro a Izidro. – Acorda todo dia pela manhã bem cedo, com dificuldade para caminhar, enxergar e escutar, mas realiza as atividades básicas de sustento, mantendo sempre as portas do coração abertas para acolher a quem quer que lhe surja na porta. Não pergunta de onde vêm, o que querem, nem se merecem o que solicitam; apenas serve, sem questionar, o que aprouver à vontade divina. Não tem estudo algum, vive em completa ignorância e alheia ao que se passa no mundo, mas em momento algum se encontra separada da fraternidade pregada por Jesus.

Os dois personagens de nossa narrativa permaneceram naquela casa rústica aos olhos abertos dos encarnados, mas reluzentes aos olhos espirituais, colhendo mais informações e aprendendo com a simplicidade daquela senhora negra que os céus colocaram onde a esperança relutava em se manter firme. Viram-na fazer sua benzedura, durante a qual silenciosamente fazia sua prece e rogava a Deus pela alma do enfermo. Sem gestos, sem cantorias, sem folhas, tudo o que oferecia depois era um pouco da escassa água do lugar – água essa que era o bem mais precioso de dona Teresinha, e por isso era compartilhada carregada de magnetismo salutar pelo dom da caridade ali praticado em toda sua extensão.

Onde a fé? Onde a Teologia? A Ciência, a Filosofia? Os rituais, os dogmas, as superstições? Nada. Naquele lugar somente imperava a ignorância, mas fora ali onde encontramos o exemplo cristão em sua mais pujante manifestação. Na simplicidade manifestara-se o magnânimo amor de Jesus, cultuado ali sem extravagâncias, por alguém que nem sequer conhecia sua história, seu Evangelho, suas lições e exemplos. Entretanto, ouvia seu coração e respeitava sua vontade quando via, nos outros irmãos, filhos de um mesmo Pai.

Um caso de convulsão

Deixaremos, neste capítulo, a narrativa que vínhamos realizando para dar nota com relação a um evento que tivemos a oportunidade de presenciar e ao qual pudemos prestar auxílio. A relação inconsciente entre as criaturas ultrapassa o limite do imaginado pela humanidade. Daremos, nas próximas páginas, um exemplo disso.

Era uma manhã ensolarada de um belo dia de primavera, período em que as noites são convidativas para passeios e frequência em festas voltadas para o público jovem. Naquela manhã a que fazemos referência, vamos encontrar uma jovem, de nome Cristiane, em sua casa fazendo trabalhos para a faculdade de Direito que cursava. Cristiane contava com vinte e dois anos, tinha comportamento bastante retraído, sendo sua timidez facilmente percebida. Apresentava algumas dificuldades em seu relacionamento com a família, especialmente com seu pai, com quem vivia em altercações.

Na noite anterior a esse dia, tinha ido a uma festa com

suas amigas e retornara a sua casa quando já era quase manhã. Sem muito tempo para descansar, pois preferira ir a essa festa, precisou acordar cedo para dar conta das atividades acadêmicas que havia deixado em suspenso. Cansada e com bastante sono, procurou se concentrar na atividade intelectual que haveria de realizar. Adepta do convencionalismo social, ingerira grande quantidade de álcool e pouco ou mal se alimentara desde a noite anterior.

Havia se passado quase uma hora quando a jovem estudante, debruçada sobre uma mesa, percebeu que não estava se sentindo bem. Acreditou que estivesse apenas cansada e que logo o desconforto passaria. Suor viscoso rolava de sua fronte; empalidecera e começara a sentir tonturas. Resolveu comer algo e ingerir alguns goles de água. A sensação momentânea havia passado e, mais tranquila, deu continuidade à atividade em que estava anteriormente envolvida.

Sem que pudesse compreender o que se passava com ela, voltou a sentir-se mal e, dirigindo seu olhar para o vazio, parecia, ao observador atento, ter avistado alma penada. Soltou um curto grito, que foi ouvido pela empregada da casa. Junto com o grito, outros barulhos chamaram a atenção de quem estava presente na casa. Cristiane havia caído da cadeira, derrubado vários objetos e, com contrações violentas, passou a se contorcer sobre o solo.

Maria, a empregada doméstica da família, correu na direção do barulho e encontrou a menina em crise convulsiva junto a uma pequena poça de sangue. Na queda, a jovem havia cortado a testa e sangrava o suficiente para assustar o observador desprevenido. Sem saber o que fazer, Maria correu para o vizinho e pediu auxílio ao morador, que rapidamente veio em socorro ao chamado.

Constatando que se tratava de um episódio convulsivo, apoiou a cabeça da jovem para que não se ferisse mais e a colocou posicionada lateralmente, para que a saliva não viesse a engasgá-la. Alguns longos minutos, que pareceram uma eternidade para quem presenciava a cena, assim transcorreram. A jovem apresentava fortes contrações musculares, tinha os olhos revirados, e o suor que produzia, carregado de odores desagradáveis, contribuía para criar um quadro bastante impressionante. A jovem passara a espaçar os espasmos, mas, ao mesmo tempo, parecia estar tendo dificuldade para respirar. Naquele alvoroço, não se conseguia captar a pulsão da menina para saber se seu coração batia normalmente. O vizinho que ajudava, constatando a anoxia, dispôs-se aos primeiros socorros. Cristiane tinha os lábios intumescidos e sua palidez anterior traduzia-se agora por coloração arroxeada. Seu corpo esfriara e seu peito já não arqueava em consequência da passagem do ar pelos pulmões. Iniciada a massagem cardíaca, a jovem de pronto voltou a se movimentar, soltando um gemido que mais parecia um silvo abafado. Enquanto o auxílio demorava, acabara por se engasgar com a própria saliva e o relaxamento da língua, que obstruía a passagem do ar. Não fosse o socorro inspirado, certamente teria desencarnado ali mesmo.

Voltando a se movimentar, ainda parecia tomada de alguns espasmos, pois seus movimentos estavam bastante irregulares. Tentou se levantar e nada do que se lhe dissesse surtia efeito. Não compreendia o que se lhe dizia, e cambaleando tentava permanecer em pé, buscando movimentar-se e sair da habitação. Fora contida pelos presentes, mas esforçava-se para se desvencilhar das mãos que a seguravam. Fazia muita força; não se poderia imaginar que aquela constituição franzina fosse capaz de tamanha força.

Emitia sons guturais, não conseguia articular palavra alguma, apenas gemia. Tampouco compreendia ou reconhecia quem lhe tentasse falar. Um quarto de hora se passou até que a jovem, aos poucos e muito lentamente, voltasse a ter alguns laivos conscientes. Repetia sempre as mesmas perguntas.

– O que aconteceu? – com a expressão cansada pelo esforço empreendido.

Divisava o sangue em suas roupas e perguntava o que havia acontecido; passava a mão na testa e novamente repetia a mesma pergunta, que era respondida várias vezes. Apresentava lapso de memória, não recordava o que havia acontecido, nem sequer era capaz de dizer seu próprio nome ou de reconhecer as pessoas que a auxiliavam. Vomitara algumas vezes antes que se conseguisse levá-la ao hospital mais próximo. Maria e o vizinho apresentavam expressão cansada, mas aliviada. Traziam algumas marcas nos braços dos arranhões que Cristiane produzira enquanto se encontrava arredia e sob efeito crepuscular.

A jovem fora atendida e voltara ao seu estado normal. Entretanto, a constatação que se pôde realizar do quadro, do ponto de vista espiritual, era bem diversa. Cristiane pertencia a uma família de classe média alta, e seus pais, muito preocupados com ganhos de ordem financeira, não cultivavam valores morais de espécie alguma. Viviam em função dos ganhos, não tinham preocupação alguma com religião, não acreditavam em Deus. Criada neste ambiente, a jovem apresentava as mesmas inclinações dos pais. Como é de hábito, essa família fora constituída por necessidades cármicas em planejamento pré-reencarnatório. Traziam, em razão dos hábitos que cultivavam, ampla comunhão mental com espíritos de ordem inferior, muitos deles relacionados a rixas do passado, que se perpetuavam.

O clima era propenso às influências espirituais perniciosas. Todos na casa sofriam sob a guante desses desencarnados, que frequentavam e, até se poderia dizer, governavam a residência. Cristiane trazia trauma perispirítico de episódios anteriores que ainda não havia se manifestado claramente no maquinário orgânico. Apresentava, como desencarnada, crises convulsivas decorrentes do remorso e da presença obsessiva que granjeara com seus atos praticados no pretérito. O encaminhamento a novo processo reencarnatório lhe concedera a formação de um organismo de manifestação no plano físico que pudesse, por indução hipnótica na formação uterina, minimizar esses agravamentos anteriores que apresentava. Entretanto, a lesão que possuía anteriormente em seu perispírito fragilizara o novo modelo corporal que se formara. Bastaria, portanto, reingressar na faixa vibratória anterior para que voltasse a sofrer com as convulsões, e logo apresentaria alterações nas descargas elétricas cerebrais, podendo mesmo tornar-se epilética.

O clima propenso a atingira em mais graves circunstâncias que as habituais. Havia se alimentado mal, ingerido muita bebida alcoólica e mal dormira na noite anterior, o que criara condições para que o episódio acontecesse. A crise crepuscular decorrente do episódio convulsivo denotava a presença de interferência espiritual desencarnada sobre a jovem. Realmente, o espírito da menina sentira que junto dela havia um desencarnado apresentando sentimento de ódio, que lhe desejava o mal, o que foi equivalente à gota de água no copo prestes a transbordar.

Esses sustos não são orquestrados pelos espíritos. Podemos perceber que muitas circunstâncias concorreram para a crise. Não se pode pensar que espíritos esclarecidos compactuem com o mal, mas eles não podem desrespeitar a vontade de cada um. Sabedor do clima desagradável que reinava na casa, espíritos interessados no bem-estar dos envolvidos se prestavam à vigilância diária, tentando evitar o pior. Atuaram eficientemente inspirando os encarnados que socorreram a menina sem possuírem conhecimentos médicos. Trabalhariam agora tentando tornar o episódio desagradável uma oportunidade para estimular a família com relação a reflexões mais profundas no que diz respeito ao dinheiro e à vida que levavam. A menina, com o susto, tomaria mais cuidado com seus hábitos. Ela seria submetida a exames clínicos, o que propiciaria monitorar a evolução do quadro em progressão que apresentava.

A sensibilidade é uma conquista do espírito, que se manifesta por questões de ordem biológica mais propensa em alguns do que em outros, mas que é inerente à humanidade de forma geral. Todos nós estamos capacitados a sentir em algum grau, e a maioria de forma inconsciente, a influência das emissões mentais alheias, sejam elas oriundas de desencarnados ou de encarnados. Essas narrativas nos servem para melhor avaliar a complexidade dos dramas nos quais, por vezes, nos encontramos envolvidos. Tendemos a fazer afirmações simplórias caracterizando algumas situações como sendo casos obsessivos ou aspectos relacionados à mediunidade, sem perceber o fundo da questão, que é bastante complexo e que, igualmente, ainda foge do nosso raciocínio e capacidade de observação.

Voltemos aos nossos personagens.

UM CASO DE CONVULSÃO

Polidoro transmitira semelhante reflexão a Izidro.

— André Luiz, quando escreveu por intermédio da mediunidade Francisco Cândido Xavier, trouxe-nos valiosa contribuição. Muito lúcido em suas colocações, expôs de forma bastante precisa questões muito pertinentes.[1] Vejamos: no livro *Nos Domínios da Mediunidade* há um capítulo intitulado "Possessão", que ilustrará muito bem o que pensamos.

[...] Áulus informou, compadecido:

— É a possessão completa ou a epilepsia essencial.

— Nosso amigo está inconsciente? – aventurou Hilário, entre a curiosidade e o respeito.

— Sim, considerado como enfermo terrestre, está no momento sem recursos de ligação com o cérebro carnal. Todas as células do córtex sofrem o bombardeio de emissões magnéticas de natureza tóxica. Os centros motores estão desorganizados. Todo o cerebelo está empastado de fluidos deletérios. As vias do equilíbrio aparecem completamente perturbadas. Pedro temporariamente não dispõe de controle para governar-se, nem de memória comum para marcar a inquietante ocorrência de que é protagonista. Isso, porém, acontece no setor da forma de matéria densa, porque, em espírito, está arquivando todas as particularidades da situação em que se encontra, de modo a enriquecer o patrimônio das próprias experiências.

Fitei, sensibilizado, o quadro triste e perguntei, com objetivo de estudo:

— De vez que nos achamos defrontados por um encarnado e por um desencarnado, jungidos um ao outro, não obstante a

---

[1] Sem sombra de dúvida que existe a oportunidade de realizar valiosos estudos quando estamos desencarnados; entretanto, nos parece mais didático fazer uso de instruções que tenham sido dadas a conhecer à humanidade encarnada, valorizando esse material e encontrando nisso mais facilidade para transmitir as reflexões que desejamos.

dolorosa condição de sofrimento em que se caracterizam, será lícito considerar o fato sob nosso exame como sendo um transe mediúnico?

Embora ativo na tarefa assistencial, o instrutor respondeu:

— Sim, presenciamos um ataque epiléptico, segundo a definição da medicina terrestre, entretanto, somos constrangidos a identificá-lo como sendo um transe mediúnico de baixo teor, porquanto verificamos aqui a associação de duas mentes desequilibradas, que se prendem às teias do ódio recíproco.

E, fixando o par de infelizes em contorções, acrescentou:

— Nessa aflitiva situação achava-se Pedro nas regiões inferiores, antes da presente reencarnação que lhe constitui uma bênção. Por muitos anos, ele e o adversário rolaram nas zonas purgatoriais, em franco duelo. Presentemente, melhorou. Qual ocorre em muitos processos semelhantes, os reencontros de ambos são agora mais espaçados, dando azo ao fenômeno que observamos, em razão de o rapaz ainda trazer o corpo perispirítico provisoriamente lesado em centros importantes.

[...]

— Apesar da carga doentia que suporta na atualidade, devemos aceitar o nosso Pedro na categoria de médium? — perguntou Hilário, atencioso.

— Pela passividade com que reflete o inimigo desencarnado, será justo tê-lo nessa conta, contudo, precisamos considerar que, antes de ser um médium na acepção comum do termo, é um Espírito endividado a redimir-se.

— Mas não poderá cogitar do próprio desenvolvimento psíquico?

O assistente sorriu e observou:

— Desenvolver, em boa sinonímia, quer dizer "retirar do invólucro", "fazer progredir" ou "produzir". Assim compreendendo, é razoável que Pedro, antes de tudo, desenvolva recursos pessoais no próprio reajuste. Não se constroem paredes sólidas em bases inseguras. Necessitará, portanto, curar-se. Depois disso, então...

— Se é assim — objetou meu colega —, não resultará infrutífera sua frequência a esta casa?[2]

— De modo algum. Aqui recolherá forças para refazer-se, assim como a planta raquítica encontra estímulo para a sua restauração no adubo que lhe oferecem. Dia a dia, ao contato de amigos orientados pelo Evangelho, ele e o desafeto incorporarão abençoados valores em matéria de compreensão e serviço, modificando gradativamente o campo de elaboração das forças mentais. Sobrevirá, então, um aperfeiçoamento de individualidades, a fim de que a fonte mediúnica surja, mais tarde, tão cristalina quanto desejamos. Salutares e renovadores pensamentos assimilados pela dupla de sofredores em foco expressam melhoria e recuperação para ambos, porque, na imantação recíproca em que se veem, as ideias de um reagem sobre o outro, determinando alterações radicais.

Os enunciados estavam bem claros. Izidro nem sequer fez menção de questionar o que quer que fosse; somente alegou que precisava de mais tempo para refletir sobre o que ouvira.

— Disso nós todos precisamos — respondeu gentilmente Polidoro.

---

[2] Refere-se ao centro espírita.

VIDA ÍNTIMA
DOS MÉDIUNS

A mediunidade é uma manifestação da sensibilidade humana com raízes na sensibilidade do Espírito e com repercussões biológicas, se a avaliarmos do ponto de vista exclusivo da manifestação mediúnica ostensiva. Em uma análise mais minuciosa, podemos afirmar que a mediunidade é o aspecto sensível do Ser, que abrange indistintamente todas as criaturas, mas que age em graus variados em concordância com o grau de depuração da individualidade. É centrada nessa relação íntima que compreende os sentimentos e os pensamentos, os complexos psíquicos, em sua maioria inconscientes. Um estudo, mesmo que superficial, do assunto demandaria uma complexa abordagem, distante das nossas possibilidades de apreciação. No entanto, mesmo que essa abordagem somente possa ser avaliada de forma ainda muito limitada, é fundamental que seja realizada, pois se trata do ponto de equilíbrio do exercício da mediunidade.

Tudo o que a criatura alimenta em sua intimidade, seus

pensamentos, os sentimentos que não compreende e mesmo aquilo que nem percebe, influencia o fenômeno de interação com os espíritos desencarnados. Eis o grande cuidado que torna os médiuns passíveis de processos obsessivos ou os fortalece para uma interação saudável e construtiva. Essa é a grande meta do espírito encarnado: buscar a compreensão de si mesmo em patamares que antes lhe passavam despercebidos. Somos um universo a desbravar. A máxima resumida nos portais do templo de Delfos e eternizada nas palavras de Sócrates pelos escritos de Platão é a base fundamental para o equilíbrio psíquico da criatura humana: Conhece-te a ti mesmo.

Conhecer-se não é um processo passivo. É, muito antes, o contrário, pois exige constante concentração e esforço. As tempestades íntimas são inerentes à condição humana atual, e esse enfrentamento, esse esforço, deve ser empreendido com nossa mente voltada para os exemplos morais do Cristo. Só nele podemos haurir a conduta correta e o ponto onde devemos concentrar nossos esforços para melhor avaliarmos nossa intimidade. Nesse processo renovador, constantemente vamos nos deparar com aspectos de nossa individualidade que preferiríamos que ficassem ocultos. São mazelas que vêm à tona e que desconhecíamos; que se manifestavam sem que tivéssemos condições e humildade de percebê-las. Mas é fundamental que as conheçamos, se realmente desejamos mudar nossa intimidade para melhor. Sem essa batalha pessoal e intransferível, permaneceremos estagnados do ponto de vista de nosso progresso psíquico.

Inconscientemente, nos utilizamos de um mecanismo de defesa psicológica e de transferência de responsabilidade. Percebemos e criticamos com facilidade a conduta alheia e nos esquecemos de notar que, em muitas circunstâncias, o comportamento alheio reflete nosso próprio jeito de ser. A maior de todas as batalhas não é a que enfrentamos no exterior, mas a que travamos na própria intimidade.

Preocupado com essas questões, Polidoro apresentou oportunas apreciações e temas para amplas reflexões sobre a vida íntima da humanidade e as dificuldades no campo da interação mediúnica.

— Imagine, agora, após o que temos diariamente observado, quão variados são os complexos psicológicos em que se enrodilham nossos irmãos! Não resta dúvida com relação a nossa grande carência emocional e, se pudermos nos valer dessa expressão, afetiva. Quantos dramas de complexa solução não se irradiam dessas circunstâncias? Quantas escolhas equivocadas não são tomadas com base nessa fragilidade? Consegue compreender o quão complexa é a natureza humana? Entende a enorme dificuldade de se encontrar o ponto de equilíbrio emocional que mantenha a intimidade do medianeiro? Para sermos intérpretes precisos necessitaríamos ser como o lago tranquilo, onde as ondulações produzidas pelos ventos não distorcem o reflexo do céu. Entretanto, há a possibilidade de sermos assim? Não estamos encarnados justamente para explorar nossos dramas íntimos e deles tirarmos lições valiosas? Haverá, entre os espíritos desencarnados, irmãos aptos a ser comparados intimamente com os mares em calmaria? São esses os espíritos com quem mantemos sintonia? Vê como é complexo o intercâmbio mediúnico; percebe o quanto é fugaz a preocupação exagerada de nossos amigos encarnados com relação aos fenômenos mediúnicos? Ainda há muito a se aprender nesse campo, pois é o próprio campo onde estão lançadas as sementes da divindade em nós. Será que por isso não devemos mais nos esforçar? Será que devemos desanimar perante tão grande tarefa? Não, meu amigo. Antes o contrário. Por ser a tarefa árdua e muito mais longa do que podemos conceber é que devemos nos esforçar mais, pois o cristão não é medido pela conquista, mas pelo esforço que empreende nessa transformação.

Polidoro concluiu sua fala inspirada e, deixando passar alguns segundos, indagou a Izidro:

— Resta-lhe alguma dúvida de que a carência que sentimos é um dos pontos fundamentais de nossos deslizes?

— Compreendo que tem razão, mas não consigo alcançar seu raciocínio. Aonde deseja chegar com essa alusão?

— De onde provém esse sentimento de algo faltar, que caracteriza a humanidade integralmente, pelo menos neste mundo onde nos situamos? É a ausência de Deus na intimidade. Vivemos competindo pela atenção dos outros, pelas carícias alheias; exigimos, precisamos receber, ao invés de estarmos mais preocupados com a doação. Quando fazemos algo pelos outros, desejamos o reconhecimento, a palavra que nos enalteça. Eis o calcanhar de aquiles em nossa intimidade. Corremos atrás de relacionamentos que nos façam sentir melhores do que somos, que nos completem. Muitos afirmam que se buscam almas gêmeas, como se Deus houvesse nos criado pela metade e não dignos da busca eterna pela perfeição por nossos próprios meios.

"Esses dramas afetivos se manifestam de diferentes formas na condição humana atual. É muito comum que os jovens, e mesmo aqueles que o tempo deveria ter amadurecido, mas que somente têm a cabeça encanecida, pois seus espíritos ainda são crianças perante o eterno, busquem realizar seus sonhos sentimentais, quase sempre com base puramente egoísta, que passa despercebida por uma avaliação superficial. Idealizam-se relacionamentos e, de maneira desenfreada, se obstinam em concretizá-los. Quando não atingem esses ideais, ou por serem excessivamente orgulhosos e possuírem uma autoimagem bastante distorcida, veem seus sonhos iniciais frustrados e nunca encontram a pessoa idealizada como digna de sua companhia. Tornam-se rabugentos, isolam-se ou desvalorizam o intercâmbio afetivo entre as criaturas, crendo que, se não é possível encontrar alguém à altura, os relacionamentos devem primar pela superficialidade. Os relacionamentos tornam-se somente objetos de diversão, onde saciam prazeres sem compreender o comprometimento entre as almas envolvidas.

"Esse drama, comum a todas as pessoas, é dinamizado pela faculdade mediúnica. Atingido por todos os lados pelas impressões provenientes da espiritualidade, o sensitivo que não estiver habilitado aos duros enfrentamentos íntimos e permanecer acomodado intimamente fraquejará e facilmente se verá envolvido em tais teias. Não precisamos que os irmãos desencarnados nos tramem armadilhas; somos já bastante complicados e facilmente nos deixamos arrastar por complexos emocionais que habitam em nós.

"Esse tem sido o grande drama de todos aqueles que dedicam a vida à reflexão e ao pensamento religioso, em sua concepção mais elevada. Quantos não caem nas armadilhas do sentimentalismo! As histórias dos monastérios e conventos, através do tempo, são a prova disso. Essa também é a realidade entre os médiuns espíritas, bem condizente com a dificuldade maior da humanidade em seu estágio evolutivo atual."

Polidoro falava inspirado. Ele mesmo havia aprendido pelo sofrimento, em existências anteriores, o quão difícil era esse confronto íntimo. Sabia que não era fácil, principalmente enquanto encarnado, avaliar essas situações com uma visão destituída de sentimentalismo, ser metódico sem ser frio, ser sensível sem ser paternalista consigo mesmo. Seus olhos brilhavam buscando no horizonte a compreensão dos próprios dramas para dividir com aquele companheiro que o escutava e que, em breve, estaria sendo alvo das mesmas atribulações.

— Dotado de maior condição de mobilizar a matéria mental, por sua condição de fornecimento de ectoplasma para o intercâmbio mediúnico, o médium é um dínamo que gera campo psíquico com muita vivacidade ao seu redor. Suas aspirações transparecem e são sentidas pelas almas sensíveis ainda encarnadas. Esses anseios no campo afetivo, que quase sempre se manifestam na condição de sonhos e relacionamentos, tornam-se potentes ideoplastias, que são como as digitais daquele que as cria. Essa condição é inerente à humanidade, sendo apenas potencializada no médium ostensivo. Fica fácil presumir que a atração magnética com espíritos de aspirações que se assemelham vai ocorrer. Muitos dos casos não são influências orquestradas com fins de aniquilar a vontade do médium. Como dissemos antes, somos ainda muito frágeis emocionalmente, e nós mesmos criamos as arapucas que nos aprisionam.

"A presença de almas afins, que reforcem esses pensamentos, torna a situação do indivíduo encarnado ainda mais penosa. Se não tem tenacidade em suas convicções, lança-se facilmente ao intercâmbio de forças desvirtuadas. A caracterizar os relacionamentos de ocasião, nos quais não há sentimentos sinceros, entrega-se à arte da conquista fútil sem cogitar as amarras que fortalece ao seu redor. Por vezes, essa ação mental é tão avassaladora que a sensação de desconforto é imediata. Sente-se como um viciado em abstinência, com todas as repercussões fisiológicas inerentes a esses casos. Subitamente, distúrbios orgânicos aparecem, cefaleias, ansiedade e angústias, complicações digestivas, alterações do sono, e a gama de distúrbios se agiganta conforme o desenvolvimento do quadro. Daí a se dizer que se morre de amor. No entanto, de amor não se morre, mas se morre por paixões descontroladas. Imagine os quadros dramáticos que decorrem dessa situação. Consegue deduzir as condições íntimas do espírito?

"Essa explosão de sentimentos descontrolados repercute sobre o sistema endócrino, liberando uma química orgânica em doses desequilibradas. As alterações emocionais se agigantam e as bruscas mudanças de humor são um sinal claro desse desequilíbrio. A mediunidade não deixa de se caracterizar por um refinamento da sensibilidade. Entretanto, com essas crises, a repercussão sobre a sensibilidade é imediata. Haverá enorme influência desse desequilíbrio sobre a interação mediúnica. Daí surgirem obsessões e complexos distúrbios que sempre têm em sua gênese o universo íntimo do indivíduo.

"Há uma perda de rumo, o bom senso torna-se precário e uma visão excessivamente crítica lança desconfiança sobre a sua capacidade e a capacidade dos outros. Abrem-se as portas para que se desenvolva um ninho de intrigas, que, aos poucos, mina a resistência e cria mais perturbações individuais ou nos grupos em que se conviva. Somente a resistência moral, o esforço por buscar a compreensão mútua, com paciência e tolerância, conseguem desbaratar ou minimizar esses quadros.

"Essa incapacidade de avaliar razoavelmente a interação mediúnica torna o instrumento mediúnico inapto a interpretar a fenomenologia mediúnica com bom senso. A já complexa gama de fenômenos psíquicos inerentes ao fenômeno mediúnico se turva mais ainda, com lances nos quais a participação do médium se torna muito ativa, complexos emocionais de toda ordem ganham força e irrompem as barreiras íntimas. Somente o tempo e o esforço constante em aprimorar o campo íntimo por meio do pensamento reflexivo e da prece conseguem, aos poucos, aliviar o pesado fardo que lançamos às nossas costas."

Aproveitando a oportunidade que pareceu ter sido oferecida à participação de dúvidas, Izidro indagou:

— O que fazer quando o indivíduo em semelhante crise é um médium em exercício constante?

— Eis a pergunta que se faz em todos os centros espíritas. O modelo moral da humanidade é Jesus. O que faria ele em semelhante caso?

— Trataria de auxiliar o doente.

— "Não vim pelos sãos, pois os sãos não precisam de médico, mas pelos doentes."

— Como ajudar?

— Tendo paciência, sendo tolerante. O que quase sempre acontece nesses casos é que o desequilíbrio de um dá margem ao desequilíbrio de muitos outros. Assentar-se sobre um cargo de direção dos serviços mediúnicos requer um bom senso vigiado em todas as horas, pois garantir a tranquilidade e, ao mesmo tempo, estimular o empenho de cada um dos membros não é fácil. Nossas imperfeições nos encaminham, quase sempre, para uma posição de falsa superioridade, na qual supomos que o tempo de envolvimento com a causa pode nos livrar de tais empecilhos. Não é verdade. Se não houver uma constante reavaliação individual e coletiva realizada com bastante sinceridade e humildade, principalmente esta última, dificilmente não nos veremos envolvidos em tais circunstâncias. O que se tem visto nos grupos que exercitam a mediunidade são rápidos julgamentos considerados somente pela superficialidade. A humanidade pouco se conscientizou de sua sensibilidade e da relação intensa que há entre a mediunidade e o universo emocional de cada Ser.

"Coloquemo-nos no lugar de quem sofre. O que levou o médium a tais distúrbios? Como gostaríamos de ser tratados em tais circunstâncias? Será que a rápida exclusão seria a melhor alternativa? Não existe uma fórmula mágica que possa resolver essas situações. Ninguém expõe o que não é. Se reencarnamos para o progresso, o refinamento de nosso mundo íntimo é a mola mestra dessa transformação. Não deve ser encarado como algo nocivo, e sim como algo natural. Estamos expondo quem realmente somos. Sem nos conhecer verdadeiramente, não conseguiremos mudar o que precisa ser mudado. Tais distúrbios são sinalizadores que indicam o local para onde nossa atenção precisa se voltar.

"Os distúrbios mediúnicos, se é que assim podemos chamá-los, pois não refletem a realidade em questão, sempre têm origem no campo íntimo do médium. Portanto, o problema a ser atacado não é a mediunidade. O desequilíbrio íntimo interfere sempre no intercâmbio com as impressões alheias. Tratemos do desequilíbrio, mas sem a presunção de imaginar que conseguiremos sanar tais crises completamente, pois há muito mais elementos desconhecidos que conhecidos interagindo nesses processos. Não encontraremos sobre a Terra médiuns perfeitos. O próprio sentido da mediunidade não é esse. É da interação entre sentimentos e emoções que aquilatamos novos elementos de comparação para reavaliarmos o nosso campo íntimo. No esforço constante que devemos empregar por nossa harmonia interior é que encontramos o progresso. Examine, cada um, sua consciência e avalie se é possível estar em constante tranquilidade no campo das emoções pessoais. Se isso acontecer, existem duas explicações: ou não se está progredindo nada, ou nossa capacidade de avaliar as experiências vivenciadas está muito abaixo da ideal. As crises são estimulantes do progresso, nos tiram do *status quo*. Devem ser encaradas como desafios a ser vencidos, cuja recompensa é o melhor conhecimento de nós mesmos."

— Então, não há uma regra?

— Quem pode ditar regras na vida? A regra é a avaliação individual e o uso do bom senso; procurar se colocar no lugar do necessitado e oferecer sempre o ombro amigo a quem sofre. Não há mediunidade com Jesus sem a vivência da fraternidade.

A OBSESSÃO COMEÇA EM NÓS MESMOS

Polidoro pareceu se lembrar de alguma experiência pretérita.

— Os grandes dramas começam sempre dentro de nós. Mesmo a realidade exterior tem suas bases lançadas através do que pensamos, pois somos o que pensamos. A humanidade ainda está muito distante de compreender o fundamental papel que as mentalizações possuem na formatação do mundo como o compreendemos. As emissões modeladoras que emitimos ininterruptamente casam-se com a matéria espiritual, dando margem à matéria mental, que é fonte criadora.

"Céu e inferno são criações de nossa intimidade. Quantas vezes somos defrontados por quadros angustiantes e nos penalizamos diante de companheiros necessitados que criaram paisagens infernais por conta de inato sentimento de culpa com relação aos equívocos perpetrados? As regiões espirituais são fruto dessas emissões mentais; nós as criamos com nosso pensamento, emitimos e recebemos essas impressões e reforçamos continuamente a sensação de realidade das mesmas.

"Quantos espíritos hão caído em tormentos inúmeros dentro de si mesmos? Não resta dúvida de que o médium é criatura de apurada sensibilidade e, portanto, mais afeito a alterações íntimas. Resulta disso que a atenção deve ser redobrada. Todo espírito que se aprimora se torna cada vez mais sensível, mais participativo na obra da criação. O seu aprendizado é sua estabilidade para enfrentar as revoluções íntimas que são necessárias e impelem à renovação constante. Contudo, quantos fraquejam diante dos quadros que alimentam interiormente! Não temos visto quantos dramas alimentam? Os melindres por não terem recebido o reconhecimento de que se imaginavam merecedores; as antipatias frugais por conta da intolerância. A preocupação em corresponder à imagem que os outros têm de nós, abandonando nossa singularidade. As maquinações mentais que imperam nos relacionamentos afetivos. Como é distorcida a visão que temos de nós mesmos, facilmente nos deixamos levar aos extremos.

"Por que isso tudo? Tudo é fruto de nossa imaturidade psicológica. As adversidades exteriores são consequências do nosso modo de nos conduzir; recolhemos em concordância com nossas atitudes íntimas. Argumentos simplistas de que sofremos porque no passado fizemos sofrer não dão cabo de responder às indagações mais complexas. É nossa forma de interpretar a realidade que nos faz ser como somos. Por distorcer essa realidade, criando um mundo particular e exigindo que a realidade se converta a essa visão pessoal, é que acabamos encontrando situações de desconforto. Essas cogitações não cabem em nossas rápidas divagações filosóficas, mas saiba que a gênese de todos os dramas do mundo é íntima e intransferível. Com as relações sociais, essas situações se agravam em dramaticidade.

"Entretanto, posso afirmar que um dos principais fatores dessas crises é a carência afetiva de que somos portadores e que teimamos em alimentar. Há, na humanidade, um sentimento natural de incompletude; uma necessidade instintiva que nos leva à busca por um par, o que garante a perpetuação da espécie humana. Desse ponto de vista, é algo perfeitamente natural. Acontece que, se fizermos uma rápida avaliação de nossa intimidade, vamos perceber que essa busca tem inúmeros desdobramentos.

"Eis que nos defrontamos com a rápida insatisfação por não ver nossos sonhos atendidos. Eis por que migramos de relação em relação, primando pela superficialidade, sem aceitar a ideia de que há toda uma necessidade de construção e modificação dos mananciais psicológicos para que nos aceitemos como somos e passemos a aceitar o outro. Desejamos ser prestigiados, realçados em valores que não possuímos, mas que fingimos ter. Essas atitudes inconscientes, tão inerentes a nossa condição moral, nos tiram o direito de trilhar nossos próprios passos, pois devemos corresponder à imagem que criamos e induzimos os outros a ter de nós. Quando dizemos ser originais, abraçamos posturas excêntricas para chamar a atenção, realçando, mais uma vez, o sentimento de carência que trazemos em nós. A humanidade clama por valorização pessoal, por se colocar em evidência, mas não compreende que essa atitude a faz refém dos padrões comportamentais que tais contingências lhe impõem.

"É como se clamassem: Ei, olhem para mim! Vejam-me! Valorizem-me! Mas expressem isso, pois, caso contrário, temerei a solidão. Tenho medo de encontrar comigo mesmo dentro de mim. O que farei se ficar sozinho comigo? Tenho medo! O que vou encontrar?

"Intimamente, a humanidade teme esse encontro, e deixa entrever isso pelo pavor que tem de conversar consigo mesma, pela ânsia que possui de abafar os pensamentos que brotam de seu interior e que lhe trazem uma imagem menos distorcida de quem realmente somos. Há uma mudança que adiamos indefinidamente. Sem escutarmos quem realmente somos, desistindo de moldar nossa intimidade pela realidade superficial que o meio nos impõe, não teremos condições de estruturar a completude em nós.

"Jesus afirmou: 'Onde dois ou mais estiverem reunidos em meu nome, ali também estarei'. Eis a resposta a estas indagações. Jamais estamos sozinhos. Nossa intimidade é um universo totalmente inexplorado por nós, aguardando que façamos essa viagem necessária, sondando Deus em nós. Essa é a razão do sorriso melancólico, da vontade sobrepujante que alimentou todos os grandes vultos morais da humanidade. Estavam em plena viagem ao desconhecido de si mesmos e encontravam, nesse manancial divino, a energia para superar os obstáculos mais árduos. Que importa o exterior, as adversidades que nos colhem, se nosso objetivo é muito maior: é descobrir quem somos, é transformar nossa realidade íntima, é abrir as portas do coração para o que há de divino em nós? Isso é o que dá força para enfrentar as grandes tormentas. Essa é a fórmula do progresso e da sanidade. Fácil? Evidente que não. Entretanto, é possível, se estivermos realmente engajados nessa direção, sem temer os tropeços e levantando após as quedas.

"A carência de que somos portadores é a base do mal, é o motivo das disputas, é o alimento do egoísmo. Lutamos por atenção. A vaidade é o combustível a alimentar essa fagulha que trazemos em nós. As imperfeições morais são secundadas pelo orgulho, que as defende de modo ferrenho, pois valentemente brigamos para manter a situação, o status que supostamente alcançamos aos olhos do mundo."

De um só fôlego, o orientador trazia material para se refletir por anos consecutivos, sem que se pudesse chegar a uma conclusão definitiva. Percebendo que Izidro não acompanhava seu raciocínio como desejava, preferiu encontrar um exemplo, mesmo que simples, para demonstrar o que dizia.

— Quando encarnado, eu era dotado de sensibilidade mediúnica. Sentia-me extremamente solitário, mesmo quando estava cercado de amigos e familiares. Não percebia nos olhos alheios as mesmas aspirações que alimentava. Não conseguia fazer com que me compreendessem como desejava. Esse sentimento de incompletude minava minha resistência, perturbava minha tranquilidade, induzindo-me a alimentar sonhos que não correspondiam à realidade, muito menos à minha necessidade de progresso.

"Essa situação me deixava inapto para selecionar intimamente os sentimentos que faziam sentido dos que eram apenas fruto de minha imaturidade. Tornavam-me, assim, pouco seletivo com relação às companhias de que desfrutava, principalmente no aspecto de relacionamento afetivo. Não buscava afinidade, e sim suprir a falta que sentia, alimentando uma ânsia de necessidade, de satisfação emocional, que por estar encarnado revolucionava meu campo biológico. As alterações hormonais reforçavam mais essa busca frenética. Sentia necessidade de satisfação afetiva e sexual. Entretanto, essa busca era realizada sem bom senso.

"Não cheguei a buscar satisfação sexual. Não atendia a esses apelos; minha consciência não permitia que eu assim agisse. Estou apenas no campo de minhas sensações e avaliações íntimas. Mas quantos tombam nesse quadro? Essas ideias distorcidas que alimentava, induzindo meu organismo ao aumento da produção gonadal, mais reforçavam o quadro em que me debatia. Quem me observasse não perceberia a menor mudança em mim, pois toda essa batalha era travada apenas no campo emocional, mas era óbvio que havia repercussões espirituais: as companhias. Ah, as companhias! Fui meu obsessor. Atraía aqueles que reforçavam o circuito. As amarras ficavam cada vez mais apertadas. Mas não é assim mesmo que acontece? Quantos não vão tomar conhecimento dessas reflexões e se verão aqui desvendados? E se assim não se perceberem é porque, certamente, ainda não conseguem perceber a si mesmos sem as máscaras da conivência.

"Quantos dramas alimentamos intimamente! O organismo combalido por essas induções demonstrava toda sua ânsia, alterando os padrões comportamentais. Havia um campo propício à manifestação dos distúrbios da sexualidade, algo largamente difundido entre os homens. Felizmente, minha vontade, mesmo que por vezes enfraquecida, nunca me permitiu cometer disparates nesse campo, mas de quantas aflições poderia ter me poupado se soubesse controlar meus pensamentos e anseios infundados!

"Se a moral não estiver sedimentada e a vontade firme não souber sobrepujar o desejo, facilmente se cairá nas malhas de triste contingência. Esse era o deslize de inúmeros médiuns. Procuremos as causas de suas quedas e encontraremos, em todas as situações, esse sentimento de solidão, de carência, a induzir-lhes às mais diferentes circunstâncias. Não percebem a sutileza dessas interferências; passam anos em flertes mentais com afins desencarnados. Essas aspirações distorcidas, pouco prudentes, vão ganhando espaço, e a rede vai se apertando ao nosso redor.

"Essa é quase sempre a forma de deslize dos companheiros que, como você, se preparam para exercer o mediunato. Não creia que haja a necessidade de grandes perseguições por parte dos desencarnados; somos nós que criamos as armadilhas nas quais caímos. Algumas vezes, recebemos apenas um empurrãozinho desses irmãos desocupados. Não é que sejamos descuidados; somos, na realidade, imaturos. Estimulamos sutilmente os vícios que nos causam perdição e que, com adição espiritual, se ampliam, dando margem a complexos desequilíbrios íntimos. Ruem nossas defesas interiores, e os pensamentos vaidosos e orgulhosos se agigantam, inspirados por mentes enfermas que foram convidadas a conviver conosco. E a renovação, a ruptura desses laços vigorosos, se faz mais complicada e trabalhosa. Eis por que a necessidade da renovação íntima tão preconizada pelo espiritismo."

Polidoro permitiu que seu pupilo apreendesse o que dizia por alguns instantes e, dando outra perspectiva à mesma questão, iniciou outra vez:

— O mesmo se dá no campo da inveja. Quantas vezes, visitando as atividades de intercâmbio mediúnico, temos presenciado companheiros encarnados que sentem ciúme da mediunidade alheia? O que é isso, senão manifestação dessa mesma carência? Da necessidade de se colocar em evidência? De sentir-se admirado? Há, porém, a acomodação pelo menor esforço. Quantos dirigentes cortam as asas dos jovens e promissores médiuns lhes relegando funções desmotivadoras e abaixo das suas reais possibilidades, argumentando que precisam amadurecer? Proibindo-os de participar de atividades de intercâmbio, como se a mediunidade cumprisse leis exaradas pelos homens, desconsiderando que ali talvez esteja um espírito que muito já tenha caminhado pelas veredas da vida e que apenas traz na forma a jovialidade ingênua? O bom senso, este que sempre foi o apelo de Allan Kardec, a quem tanto dizem seguir... Onde foi parar o bom senso? Que tristeza quando, do lado de cá, onde devassamos seus pensamentos mais íntimos, constatamos que tais proibições que advogam como sendo necessárias são, na verdade, fruto da inveja, de um sentimento mesquinho que prima pela falta de vontade de se melhorar! Se não conseguimos atingir o mesmo patamar, então, que tolhamos as asas para que o outro não voe mais tão alto e fique a caminhar pelo solo, rasteiro como nós. Alguns sentem-se ameaçados em sua posição de "sumos sacerdotes" do centro espírita e tratam logo de impor limites aos que vêm chegando cheios de aspirações. Quão pouco espaço vem se ofertando aos jovens! Creem que não possuam responsabilidade, mas não avaliam a situação individualmente.

"Infelizmente, meu amigo, você, que em breve mergulhará em nova existência corporal e verá a mediunidade florescer desde tenra idade, também enfrentará esses embates. A humanidade não percebe o quanto se trabalha para se conseguir alcançar tal patamar de envolvimento com a mediunidade quando ainda desencarnados. Quantos planos têm sido frustrados por essas vontades obtusas e intolerantes! Mas, aos jovens, que escutem o apelo. Não desanimem! Que façam sua parte, ergam a cabeça e cumpram com os compromissos assumidos, respeitando suas consciências e não abandonando a causa por conta dos ingênuos irmãos que lhes tolhem a vontade de servir. São doentes, como outrora já o fomos. Eles também aprenderão com o nosso exemplo, estamos todos aprendendo. Jovens, não esqueçam o que têm passado, pois, amanhã, vocês serão os dirigentes e, então, aprendendo com os erros alheios, que renunciem à vaidade e acolham como gostariam de terem sido acolhidos, sempre com bom senso e carinho."

Aprendizes do Evangelho

Mediunidade, faculdade psíquica. Médium, do latim *medium*, que significa meio, intermediário. Allan Kardec foi muito feliz nessa apreciação. Conseguiu vislumbrar com objetividade as bases que deveriam nortear as relações entre aqueles que, de alguma maneira, se veriam em contato com os espíritos desencarnados. A mediunidade pode ser considerada sob variados aspectos. Kardec foi magistral no concernente à relação com os espíritos desencarnados. Entretanto, é preciso que lancemos um olhar mais apurado sobre os aspectos psicológicos por trás dessa fenomenologia, pois sabemos que ela se estende e varia ao infinito.

A mediunidade não se encontra restrita à obtenção de comunicados dos espíritos. Quem a exercita sabe que seu aspecto dinâmico nos deixa com substratos psicológicos complexos que precisam ser mais bem refletidos para ser formalizados conscientemente. E podemos afirmar, sem medo de cair em equívoco, que nesse ponto se encontra o verdadeiro papel da mediunidade. A sensibilidade, pois a mediunidade é uma sensibilidade apurada que caminha junto com o progresso da humanidade, apesar de sempre ter sido registrada no decorrer da história, encontra-se adjunta com nosso grau de maturidade psicológica.

Essa sensibilidade nos faz recolher do meio variadas impressões que são mantidas quase sempre em estado latente, sem ser devidamente formalizadas, alcançando nossa conscientização. Contudo, não deixam de exercer importante influência sobre cada um de nós. E é essa a preocupação que nos move ao escrever estas páginas. Sabemos, apesar de nossa dificuldade em empreendê-las, quais são as bases seguras para uma relação saudável no intercâmbio com os espíritos. Talvez seja por esse motivo o acentuado número de obsessões e de médiuns envolvidos em conceitos extravagantes e pouco criteriosos: apresentamos enorme dificuldade em integralizar os conteúdos emocionais que advêm de nossa capacidade de sentir sem compreender.

A mediunidade é uma ferramenta para o progresso humano; raia como sendo uma depuração de nossa sensibilidade para a interação com o meio. Notável o esforço que os companheiros desencarnados vêm realizando no sentido de despertar a humanidade, seus iguais, para valores elevados de uma vida mais espiritualizada. Em sua amplitude conceitual, ela surge como uma ponte para compreendermos quem realmente somos, pois concede um mergulho interior por meio das ininterruptas sensações que desperta em nós.

Quando vamos a um concerto musical, a orquestra está formada por diversos músicos, cada um com seu instrumento. Entretanto, por nossa falta de preparo, nos concentramos apenas no conjunto da obra, sem conseguir discernir o som de cada instrumento distintamente. Os amantes da música dirão que isso se consegue com o tempo, se treinarmos o ouvido. Mas o ouvido pode ser treinado? Ou quem se torna mais sensível e qualificado para escutar com o exercício é a pessoa? O ouvido não faz parte da pessoa? Pode ser treinado individualmente? Eis a questão que pode ser transferida à mediunidade.

Concentrar o papel da mediunidade exclusivamente no intercâmbio com os espíritos fomenta essa visão bastante restrita. Sendo uma depuração de nossa sensibilidade como espírito, assenta-se sobre nosso amadurecimento psíquico. Amai-vos e instruí-vos, exarou o Espírito de Verdade, incluindo o sentimento e o raciocínio, pois são elementos que ditam nosso progresso espiritual, a base da integralização de nosso conteúdo mais profundo. Instruindo-nos, refletindo, somos capazes de aprimorar a autoanálise e dar uma narrativa mais objetiva às sombras, na conceituação de Jung, que atuam, muitas vezes, dirigindo nossa vida. Existem aspectos biológicos na mediunidade, pois há fatores genéticos envolvidos enquanto espíritos encarnados, mas não são fatores tão limitantes quanto se supõe.

A responsabilidade com relação à mediunidade é intransferível; é de cada um que a exerce. Não pode ser desenvolvida em separado do conjunto, pois é atributo da humanidade, uma conquista psíquica coletiva. Aprimore-se o instrumento e sua qualidade para o intercâmbio também será influenciada. Os mais notáveis médiuns de que a humanidade tem notícia são a prova disso. Foram bons instrumentos mediúnicos na medida em que encontraram espaço íntimo para o "amai-vos e instruí-vos", aprimorando os sentimentos e a intelectualidade conjuntamente e encontrando um ponto de equilíbrio na maturidade psicológica que apresentavam. Foi por terem feito de sua intimidade um lago límpido e calmo que conseguiram melhor refletir as cores do céu. Sua sensibilidade mediúnica foi dilatada pela conquista que realizaram intimamente.

Uma visão exteriorizada da mediunidade, como a que temos atualmente, faz com que dispensemos a proposta do equilíbrio íntimo, da integralização de nossos conteúdos emocionais, que são a gênese de nosso amadurecimento psíquico e, por consequência, espiritual. Assim, dá-se margem à execração de fenômenos anímicos, que realmente podem ser considerados perturbações no intercâmbio com inteligências desencarnadas, mas que são muito úteis na integralização psicológica de nosso passado. Fica evidente que quem se desenvolve é o espírito, o ser encarnado, e não a mediunidade, que é um atributo de sua sensibilidade manifestando-se com raízes biológicas enquanto estamos encarnados.

A mediunidade é uma ferramenta íntima que vem sendo pouco aproveitada, pois é no contato com as diferentes impressões que nos rodeiam que recolhemos material subjetivo para aprimorarmos nossa intransferível autoavaliação. O ser sensível recebe informações a todo instante, quer advindas de personalidade desencarnada ou não, que formam o conjunto de experiências psicológicas que lhe servirá de bagagem para avaliar o próprio campo subjetivo. Vejamos um exemplo: um médium em contato com espíritos que cometeram suicídio tem a oportunidade de recolher-lhes as impressões, sabendo de antemão quais as impressões que teria caso viesse a cometer o mesmo desatino. Compreende os elementos comparativos que a mediunidade nos fornece se estivermos atentos?

A manifestação mediúnica é fundamentalmente importante, e diríamos que é uma bênção divina no fortalecimento de nossas convicções íntimas perante as dificuldades mais agrestes. Alimenta-nos a convicção na vida futura, na sobrevivência do espírito após a morte do corpo, permitindo que sondemos a vida de um ponto de vista menos determinista. Permite, assim, que tenhamos esperança no porvir, alterando nossos anseios e minimizando nossas aflições.

É, ainda, um estímulo ao aprendizado na convivência com as diferenças, com as quais ainda temos enormes dificuldades. Quantos sentimentos e pensamentos distintos percebemos desfilar em nós sem que com eles tenhamos identificação direta? Eis um convite à tolerância, à construção de uma sociedade fraterna. Que se perceba que o diferente é bom, pois também é obra de Deus; que, por trás da superfície, há um fundo que nos identifica uns com os outros.

Mediunidade, um inadiável convite à renovação interior. Um reforço para as metas estabelecidas antes de reencarnarmos, um lembrete de nossa filiação divina. Deus em nós. O alento daqueles que reencarnam temerosos de repetir velhas condutas que se tornaram clichês. O consolo de quem perdeu afetos no nevoeiro da morte. Todo o progresso exige esforço, esforço pessoal e intransferível, inadiável. A mediunidade comprova que nunca estamos desamparados; que a misericórdia divina contribui constantemente conosco. Se as amarras das sensações eminentemente materiais não estiverem apertadas, poderemos escutar a voz da consciência que nos solicita maior empenho. Teremos ao nosso lado os companheiros do passado que, momentaneamente libertos da opressão da matéria densa, nos farão refletir sobre valores espiritualizados que serão como a bússola do viajante em alto-mar. A mediunidade é um convite para que ingressemos na vida na condição de aprendizes do Evangelho.

APÊNDICE

TEXTO 1
MEDIUNIDADE, UMA RELAÇÃO NATURAL

Escutai, pois, essa voz interior, esse bom gênio que vos fala sem cessar e chegareis progressivamente a ouvir o vosso amigo espiritual que vos estende as mãos do céu; eu vos repito: a voz íntima que fala ao coração é a dos bons espíritos, e é deste ponto de vista que todos os homens são médiuns.

(CHANNING, O Livro dos Médiuns, cap. XXXI – item X)

Falar da mediunidade é percorrer toda a história humana. Em todas as épocas, o ser humano esteve envolvido na relação com o sagrado, constantemente inspirado pelos chamados "mortos". A relação com os espíritos daqueles que já haviam partido sempre esteve presente na cultura humana, apontando para um costume de consenso, que equiparou gregos e egípcios, comunidades indígenas e espiritualistas através dos tempos. Conhecidos por profetas, santos ou bruxos, os intermediários na comunicação com os espíritos sempre existiram, resistindo ao tempo e às imposições políticas e dogmáticas, impulsionados por um fenômeno natural e ativo na vida humana.

A codificação espírita surgiu trazendo luzes ao entendimento dessa relação tão constante entre encarnados e desencarnados, firmado sobre a lógica das leis naturais. Por que uma crença que sempre existiu, que mesmo proibida resistiu no decorrer do tempo, que esteve presente em todas as culturas e sociedades, estaria de fora dos fenômenos naturais? Eis que nos deparamos com a certeza de que, independentemente de acreditarmos ou não, a realidade da existência e comunicabilidade dos espíritos não pode ser posta à margem de nosso entendimento contemporâneo.

Intermediários dos espíritos, os médiuns existiram em todas as crenças; a linha tênue entre a bruxa e a santa foi muito tendenciosa. O que dizer de Joana d'Arc, que enquanto mantivesse sua pureza intocada não poderia ser acusada de bruxaria, tendo precisado se vestir diuturnamente com sua armadura para que não fosse estuprada enquanto estivesse presa pelas autoridades eclesiásticas? Sempre houve e haverá espíritos, em todos os lugares, em todas as Igrejas, em todos os templos, independentemente de religião, de acreditarmos nisso ou não.

Além de uma sensibilidade da alma, a mediunidade é fenômeno biológico, assentada sobre a presença de possibilidades orgânicas mais ou menos dispostas ao intercâmbio com os espíritos. Sendo assim, não podemos mais nos questionar sobre o porquê de apresentarmos mediunidade, afirmando, muitas vezes, que não pedimos para ter essa faculdade. Mas quem forma esse corpo que permite o intercâmbio mediúnico é o próprio espírito, que o modela para nova oportunidade reencarnatória!

Restam-nos duas opções: abraçar a possibilidade que nos é disposta como uma ferramenta útil ao nosso progresso moral ou fugir, renegando a chance que se nos apresenta.

TEXTO 1 – MEDIUNIDADE, UMA RELAÇÃO NATURAL

Em ambas as situações, não podemos nos eximir do conhecimento sobre o assunto, do estudo, sob pena de nos tornarmos reféns dessa possibilidade natural de que dispomos.

Saúde mental? Foi-se o tempo em que os médiuns eram acusados de loucos. Em tempos de extraordinárias descobertas científicas, em que o ser humano se aventura no espaço, desvendando fenômenos que antes não compreendia, surge a mediunidade como expressão comum a todos, mais latente em alguns do que em outros. Sabe-se, por estudos, que médiuns responsáveis e criteriosos apresentam uma convivência social acima dos padrões médios. Quem seria mais louco: aquele que egoisticamente se esconde do mundo mergulhado em sua riqueza ilusória ou aquele outro que, vendo a tristeza ao lado, deixa sua casa para estender seus braços no auxílio possível?

O médium jamais será refém da manifestação que ajuda a produzir. Participando ativamente do fenômeno, tem controle sobre si mesmo, não apresentando disposições para ser um fantoche em mãos alheias, a menos que assim deseje. A ocorrência de palavras de baixo calão, manifestações extravagantes e agitadas em demasia é fruto da falta de controle do intermediário dos espíritos, falta de estudo, falta de exemplificação, culminando na falta de equilíbrio.

É impossível, pelas leis físicas, que qualquer espírito assuma um corpo que não é seu. Incorporação se torna um termo equivocado, incapaz de descrever o que ocorre. Psicofonia, o som dos espíritos, representa que deve o médium, imperador de seu próprio organismo, servir somente de locutor das informações que recebe e retransmiti-las. Não há a possibilidade de um desencarnado assumir o controle de um corpo que foi formado para uso de outro espírito. O médium somente será refém dos espíritos quando estiver desequilibrado, doente da alma. Tais incômodos são muito mais comuns entre aqueles que nem sequer ouviram falar em mediunidade.

Existem diversas características mediúnicas, e cada qual sente de maneira diferente o contato espiritual, variando ao infinito, porque uma manifestação nunca é igual à outra, nem entre os mesmos envolvidos. A mediunidade é uma constante relação em que todos nós estamos envolvidos, uma descoberta pessoal e intransferível, e passa inegavelmente pela descoberta de nós mesmos.

Ser médium é ter a possibilidade de estudar nossa intimidade, navegando em sentimentos contraditórios, confusos, extremos, que muitas vezes refletem o mundo íntimo daqueles que nos acompanham espiritualmente. Ser médium é conviver com as dificuldades tendo a possibilidade do refrigério de mãos amigas, que conhecem nosso interior melhor do que nós e nos oferecem arrimo durante as tempestades. Ser médium é estar integrado à vida; é refletir, onde estivermos, o amor de Deus para com todos. É mediarmos harmonicamente nossos sentimentos por aquelas pessoas que conosco convivem. Ser médium, enfim, é possibilidade comum a todos nós, que desejamos nos transformar em aprendizes do Evangelho de Jesus, estendendo a mão aos aflitos, socorrendo ao invés de clamar por socorro, por entender que é trabalhando pelo próximo que vencemos as dificuldades pessoais.

O espiritismo, assumindo em demasia um caráter religioso, encontra-se de mãos dadas com a viciação comum às mais diferentes religiões. Passa a não mais estimular a autonomia como fora a sua proposta terapêutica inicial, reincidindo na promoção da dependência de seus adeptos, que, antes de se sentirem seguros para assumir suas próprias escolhas, necessitam psicologicamente de ídolos. É o fruto da incoerência humana, que busca a sua liberdade íntima, mas que vê nisso uma possibilidade de se aproveitar das fragilidades alheias. É a dependência estimulada, o afloramento da vaidade em líderes eleitos entre os homens, mas distantes dos planos de Deus.

É necessário refletir sobre nossa forma de interagir com a realidade espiritual; estamos idolatrando médiuns, espíritos e objetos. Caímos nos mesmos erros do passado; rendemo-nos a cultos exteriores. Precisamos adquirir a mesma visão do Codificador, que analisava tudo sob a lógica, sem crença cega, mas respeitando, assim como gostaria de ser respeitado.

Os espíritos não são anjos; são seres humanos como todos nós, que erram e acertam. Alguns sabem um pouco mais, outros somente pensam que sabem. Mas são humanos que, temporariamente, não vestem o corpo físico. Não devemos fazer das revelações espirituais um dogma, pois desenvolvemos a razão para utilizá-las. Somos uma raça de pouca fé, e as manifestações somente existem como alavancas para acreditarmos na existência dos espíritos, pois o que realmente importa é a moral da mensagem, seu conteúdo renovador.

A decisão é nossa; não podemos responsabilizar outras pessoas, estejam elas encarnadas ou não, porque a consequência de nossas escolhas virá ao encontro de nossa consciência, sem possibilidade de fuga. Somos nós e Deus. É válida a troca de experiências, mas é doentia a servidão em que nos anulamos. Somos filhos de Deus, herdeiros de sua centelha divina, e somente nos desenvolveremos se aprendermos a pensar e decidir por nós mesmos. Basta de religiões que nos queiram reféns de sua forma de entender. Somos livres, desenvolvemos a capacidade de refletir, somos os únicos agricultores de nosso campo íntimo. Também somos espíritos, e necessitamos respeitar e nos fazer respeitados.

Que tornemos nossa vida um bem sagrado, pautando nossa conduta pelos exemplos do Cristo, aproveitando a oportunidade que Deus nos oferta de aprendizado, usando a mediunidade com a vida para propiciar nobres sentimentos, ajudar os que precisam e fazer nossa parte sem depender tanto da opinião alheia. Os servos de Jesus nos estimulam à naturalidade e ao compromisso com amor.

TEXTO 2
CRISES EMOCIONAIS COM VINCULAÇÃO MEDIÚNICA

Tratai todos os homens da mesma forma que quereríeis que eles vos tratassem.

(JESUS, Lucas, cap. VI, vs. 31.)

Iniciemos nossa conversa procurando realizar um esforço imaginativo no sentido de que estejamos diante de uma pessoa que possa apresentar uma crise emocional, saibamos ou não, com influência espiritual. Aos desavisados pode parecer estranho o tema aqui abordado, entretanto, buscamos esta reflexão para respaldar os companheiros perante tais quadros. De acordo com dados extraoficiais, em torno de setenta por cento dos pacientes psiquiátricos possuem vinculações espirituais desagradáveis, considerando os índices mais reduzidos de tais estatísticas.

Portanto, tais circunstâncias são muito comuns na vida cotidiana da sociedade. Acontece, porém, que essas crises são tratadas como tabus, preferindo os familiares, ou o próprio enfermo, guardar segredo sobre a questão. Mesmo que não se declare abertamente, a maioria das pessoas que buscam o espiritismo surge nos centros espíritas impulsionada por tais questões, sejam de ordem pessoal ou familiar. Mesmo e, principalmente, as pessoas que desenvolvem atividades nesses núcleos, porque a mediunidade se tornou nelas evidente em circunstâncias homônimas.

O que poderíamos explanar sobre tais crises? Esses quadros chamam maior atenção quando são caracterizados por expressões marcantes, olhares agoniados, perda de identidade, fala enrolada e desconectada da realidade objetiva, entre outros aspectos. Suponhamos que alguém tivesse uma crise dessas em um centro espírita durante o transcurso de uma atividade de explanação evangélica. Vamos trabalhar com essa eventualidade. Os demais membros da assistência, assim como os próprios trabalhadores do centro espírita, tenderiam a apresentar uma reação impressionada. Talvez algumas dessas pessoas chegassem até a deixar de frequentar o lugar, e facilmente surgiriam comentários irresponsáveis e despropositados, tão comuns em nossos lábios, o que somente ajudaria a causar maior rebuliço no ambiente.

Precisamos compreender que a mediunidade tem ascendente biológico; encontra-se enraizada no organismo enquanto encarnados. Sofre influências da capacidade interpretativa de seu detentor, amplamente relacionada aos aspectos emocionais sediados no sistema límbico. Essas manifestações terão por consequência natural influências em alterações emocionais do indivíduo. Em casos de desequilíbrio, será comum observarmos gritos, choros, manifestações de ódio e agressividade, apatia, melancolia exagerada e, por existir interação entre o corpo e as emoções, também encontraremos relaxamentos e espasmos musculares, assim como hipertonia; áreas do cérebro podem ser influenciadas, ocasionando fenômenos mediúnicos de catalepsia e letargia.

TEXTO 2 – CRISES EMOCIONAIS COM VINCULAÇÃO MEDIÚNICA

Na realidade, toda pessoa emocionalmente fragilizada, por possuir em menor ou maior intensidade essa sensibilidade, que quase sempre é desconhecida até a ocasião de uma manifestação sintomática, tende a ter potencializados seus dramas íntimos por ocasião da interferência espiritual. No espiritismo fala-se muito em animismo – no caso, uma manifestação que tem origem nas questões íntimas do médium e que acaba vindo à superfície por pensar ele que aquilo que expõe não lhe pertence. Não deixa de ser uma válvula de escape para conflitos emocionais. Estigmatizar o animismo é um equívoco, porque é uma manifestação natural do complexo psíquico do espírito. Se vem à tona é porque existe uma necessidade inconsciente de que isso aconteça. É como um copo que transborda. O fenômeno mediúnico, em si, depende dessa possibilidade. Toda crise, portanto, tem sua maior parcela relacionada aos dramas íntimos do indivíduo, quer ele os conheça conscientemente ou não. Lançar a responsabilidade vulgarmente ao obsessor, que nada mais é que outro enfermo, é uma tremenda irresponsabilidade, que pouco auxilia no processo de restabelecimento. Estudando seriamente a mediunidade, penetrando igualmente no conhecimento das funções cerebrais e psicológicas, possuiremos mais ferramentas para perceber que o doente desencarnado encontrou ressonância no doente encarnado, fazendo, muitas vezes, com que a sintomatologia da crise se mostre superior ao esperado em razão do agente que a possa ter provocado. Há uma potencialização do drama pessoal do sensitivo em razão da aproximação de uma ou mais individualidades espirituais, que, na maioria das vezes, não compreendem tais ocorrências. Podemos destacar os casos em que as pessoas que perderam um familiar recentemente têm imensa dificuldade de seguir com a vida de maneira normal, atraindo para si, muitas vezes, a presença de desencarnados em igual condição, ou mesmo o próprio ente do qual se lamenta a perda. Resultado: o drama está potencializado.

Precisamos ter bem claro em mente que não existem fórmulas mágicas para lidar com tais questões. Será sempre necessário muito tato e uma vontade desinteressada posta em condições de ser inspirada por agentes espirituais conhecedores do entranho complexo psíquico em que o enfermo estacionou. Na constatação de tais dramas, como o exemplo que utilizamos, ocorrendo a crise no centro espírita, devemos nos policiar para evitar julgamentos, condenações e, principalmente, palpites despropositados. Os reféns dessas crises destacam-se como necessitados, extrapolando um quadro dentro da natureza normal do ser humano.

Será sempre agradável a manutenção da calma e da tranquilidade no recinto, e isso será alcançado a partir do momento em que encararmos tais dramas com naturalidade, sem excentricidades e misticismos. Todo comportamento contrário a esses cuidados acabariam por dinamizar a crise manifestada. Se necessário, devem-se exortar os presentes à prece mental; se preciso, que se verbalize a prece, sem receio de se manter um diálogo, caso o necessitado queira conversar, mas sem se ater muito ao que ele possa dizer, porque precisamos lembrar que existe uma intensa dificuldade de interpretação da realidade objetiva por parte dos agentes envolvidos.

Não devemos olvidar que Jesus foi peremptório ao afirmar que veio ao mundo pelos doentes. Se erigimos o centro espírita nos pilares cristãos, nossa visão deve ser a mesma, portanto, são essas pessoas em crise que devem ser mais bem acolhidas, deixando-se de lado preconceitos.

TEXTO 2 – CRISES EMOCIONAIS COM VINCULAÇÃO MEDIÚNICA

Ocorrendo tais crises no centro espírita, poderemos aproveitar a oportunidade, depois de atendidos os envolvidos, para conversar sobre a situação, mesmo interrompendo a explanação verbal anterior, se necessário, buscando enfocar a naturalidade do fenômeno, esclarecendo e estimulando a fraternidade entre os presentes. Essa deve ser a atitude do espírita que entende o objetivo educacional e fraterno do espiritismo.

Todas as pessoas têm condições de minimizar tais eventos, mesmo no lar ou em outros locais. Sempre se pode lançar mão do recurso da prece, mental ou verbalizada; sempre se pode exortar ao perdão e à mudança de atitude; e, principalmente, todos nós somos capazes de fazer uso do magnetismo. Toda a técnica é supérflua em nossa condição humana; agimos potencializando os efeitos do magnetismo pela intenção. O maior de todos os "passes" é efetivado pela mãe que amamenta seu filho, pelos pais que contam uma história ao colocar a prole na cama ou por dois amigos que se abraçam com sinceridade. Nessa condição, quem é inapto a dar um passe?

Essas crises emocionais, possuindo ou não um agente espiritual as dinamizando, podem demorar, e é verdade que podem levar a danos na aparelhagem orgânica do envolvido. Independentemente da situação, devemos passar a encarar tais casos com a naturalidade que possuem para não nos tornar potencializadores da crise, e procurar ter discernimento para não atribuir tudo o que aconteça à mediunidade e aos espíritos.

Todos nós somos passíveis de tais desequilíbrios emocionais, que podem ou não ter vinculações mediúnicas. Nossas relações íntimas e interpessoais são propícias a desavenças, a alterações constantes de humor. Em minutos, transformamos completamente o que sentimos, dando margem a possíveis dramas. As pessoas com maior sensibilidade tendem a potencializar as interferências que captam, seja de encarnados ou desencarnados. Mesmo quem estuda, reflete e busca conteúdos moralmente elevados sabe que em sua fragilidade não está livre dos "altos e baixos" emocionais. Jesus lançou-nos a receita de orar e vigiar. Sempre que falharmos nessa questão, não conseguindo lidar com conflitos íntimos, tornamo-nos passíveis de encontrar ressonância em companheiros desencarnados que podem potencializar nossos dramas. Armemos-nos de fé, compreensão e muita paciência.

Texto 3
A sensibilidade que nos caracteriza como humanidade

Os problemas significativos com os quais nos deparamos não podem ser resolvidos no mesmo nível de pensamento em que estávamos quando eles foram criados.

(Albert Einstein)

No ano de 1888, nascia em Lisboa o poeta Fernando Pessoa, tido por inúmeros críticos como o principal poeta português desde Luís de Camões. Em razão dos compromissos de seus pais, foi para a África do Sul, onde passou a juventude e, por isso, foi educado na língua inglesa. É considerado um dos poetas mais enigmáticos do século XX, pairando sobre sua vida uma espessa nuvem de dúvidas e misticismos.

Aos cinco anos de idade, Fernando Pessoa "criou" seu

primeiro heterônimo, chamado Chevalier de Pas. Aos sete anos, escreveu seu primeiro poema. Com onze, "criou" Alexander Search, e escrevia excentricamente cartas para si mesmo assinadas por Alexander. Desencarnou aos quarenta e sete anos, com complicações hepáticas agravadas pelo excesso de ingestão de álcool. "Nos últimos momentos de sua vida, pedia os óculos e *clamava por seus heterônimos*."

O que são heterônimos?

Os heterônimos, diferentemente de pseudônimos, são personalidades poéticas completas. Têm identidade que, em princípio, é tida como falsa, tornando-se verdadeira por sua manifestação artística própria e diversa da do autor que a teria criado. "Entre os heterônimos, o próprio Fernando Pessoa passou a ser chamado ortônimo, já que era a personalidade original. Entretanto, com o amadurecimento das outras personalidades na sua obra literária, o próprio Pessoa tornou-se apenas mais um heterônimo entre os outros."

Interessante ressaltar que a forma de se expressar de cada uma dessas personalidades literárias era distinta, a ponto de, com uma análise das características do texto, ser possível identificar quem fora seu autor. Se sua obra não fosse apreciada, muito provavelmente Pessoa teria sido enquadrado como paciente de problema mental.

Três heterônimos se destacam na obra do poeta. Álvaro de Campos, o único deles a manifestar fases poéticas diferentes no decorrer de sua obra, era identificado como um engenheiro de educação inglesa e de origem portuguesa. Ricardo Reis é descrito como um médico que se definia como latinista e monarquista. Segundo Pessoa, Reis mudou-se para o Brasil em protesto à Proclamação da República Portuguesa, e não se sabe o ano de sua morte. Alberto Caeiro

TEXTO 3 – A SENSIBILIDADE QUE NOS CARACTERIZA ENQUANTO HUMANIDADE

teria nascido em Lisboa, tendo vivido quase toda a sua vida como camponês. Quase sem estudos formais, teve apenas a instrução primária, mas, mesmo assim, é considerado pelo poeta o mestre entre os demais heterônimos. Com a morte dos pais, passou a viver com sua tia-avó, com rendimentos bastante modestos. Morreu de tuberculose.

Interessante ressaltar que essas personalidades literárias não se contradizem em nenhum momento da obra de Fernando Pessoa. São originais e convictas em suas opiniões particulares. Também é curioso que apresentassem uma biografia detalhada, sendo que a maioria possuía data de nascimento e morte, ou seja, já haviam desencarnado. Curioso, não?

Pessoa, durante sua vida, mostrou ser uma pessoa com profundos conflitos íntimos, mas, ao mesmo tempo, nem um pouco acomodada com seus dramas pessoais. Buscava, pelos mais diversos meios, uma compreensão para o que sentia. Mergulhou no misticismo, tornou-se membro de sociedades maçônicas e rosa-cruzes, era adepto da Cabala e exímio conhecedor da Astrologia.

Há episódios que narram até que ponto ia a interferência dessas personalidades literárias em sua vida diária. Conta-se que, certa tarde, Fernando Pessoa deveria se encontrar com um amigo em local combinado. Como de hábito, ele se atrasara em algumas horas; entretanto, quando chegou, declarou ser Álvaro de Campos, e vinha da parte de Pessoa desculpar-se pela impossibilidade do seu comparecimento ao encontro. Despediu-se e saiu.

Fica evidente que existia uma invasão psíquica destes heterônimos na vida de Fernando Pessoa. Chegou a buscar explicações para o que se passava com ele recorrendo ao magnetismo, mas seu desenlace, em meio ao alcoolismo, deixa claro que os conflitos íntimos não foram bem assimilados.

Acontecimentos como esses são mais comuns do que se pensa. Nem todos ganham a notoriedade de um Fernando Pessoa, e mesmo as pessoas, em geral, dão preferência ao silêncio, não comentando o que as acomete. Isso quando têm consciência, pois, na maioria dos casos, tais fenômenos passam despercebidos em razão de suas sutilezas. Sabemos que a notória sensibilidade de músicos, escritores, pintores e artistas em geral lhes concede uma propensão maior a arroubos emocionais, mas a sensibilidade é uma conquista evolutiva de toda a humanidade, portanto, em maior ou menor grau, todos somos propensos a sentir essas influências.

Como acontece esse tipo de influência? Que mecanismo está por trás desses arroubos emocionais?

O espiritismo salienta que somos imortais, e decorre daí que já vivemos outras vezes e voltaremos ao corpo quantas vezes se fizerem necessárias para o nosso progresso. Sendo assim, possuímos uma bagagem pretérita, que vai ser mobilizada na presente encarnação conforme os estímulos que recebermos, sejam eles internos ou externos. E isso inclui a influência que temos uns sobre os outros, que se processa inconscientemente, na maioria das vezes, mas que não cessa um instante sequer, podendo provir de mentes encarnadas ou desencarnadas.

A física do infinitamente pequeno, quântica, aponta atualmente para essa influência recíproca entre os objetos – influência essa que não é local, pois não depende do espaço nem do tempo para acontecer. O pensamento desponta nesses enunciados como um agente criativo de grande capacidade de mobilização da matéria infinitamente pequena, que na

TEXTO 3 – A SENSIBILIDADE QUE NOS CARACTERIZA ENQUANTO HUMANIDADE

realidade dá a conotação real a todos os objetos que nossos sentidos divisam.

Resultado disso é que, pelo fato de não existir a possibilidade de não pensarmos, já que o espírito é caracterizado basicamente como um ser pensante, estamos nos influenciando reciprocamente, mas sem nos dar conta disso, e esse aspecto não exclui as personalidades desencarnadas. Isso leva o indivíduo a uma estimulação emocional, por exemplo, ansiedade, medo sem origem, angústias, sem que saiba onde focar sua atenção de maneira consciente, porque não detecta a origem desses sentimentos.

Sabemos, pelas experiências recentes da ciência com relação aos estímulos magnéticos, que o magnetismo pode agir sobre o córtex cerebral, podendo provocar alterações no campo perceptivo do indivíduo: sentir-se maior, menor, voando, girando, perceber-se fora do corpo ou tontear.

Esse estímulo magnético, que em experiências é provocado por encarnados, aponta claramente para a possibilidade de ser produzido por ação de indivíduos desencarnados. Sensações como essas caracterizam o fenômeno de intercâmbio mediúnico e são uma forma de o médium perceber que uma informação lhe alcança provinda de uma fonte, na maioria das ocasiões, desconhecida. Essa é a base de sensibilização do médium para torná-lo receptivo ao fenômeno mediúnico; é uma precipitação do campo magnético do desencarnado sobre o campo magnético do encarnado, propiciando o que se convencionou chamar de desdobramento, que é fundamental na troca de informações psíquicas.

Essa forma de captação do estímulo psíquico é mais ou menos conhecida entre os encarnados em razão do esforço edificante a que muitos espíritos têm se entregado no sentido de esclarecer e estimular o estudo desse mecanismo tão complexo. A sensibilização do sistema nervoso por ação do magnetismo é, sem dúvida, uma constatação científica já conhecida. Acredita-se que nesse mecanismo a informação passe pelo sistema límbico, particularmente em suas estruturas diencefálicas, para que seja posteriormente interpretada pela consciência mais ou menos treinada do médium, da melhor forma possível.

As ondas magnéticas provenientes da espiritualidade tenderiam a ser direcionadas ao lobo frontal e se fariam responsáveis pelo indivíduo assumir o controle e a interpretação dessa interação. Para que isso ocorra, é necessário que as conexões neuronais nessa área do cérebro sejam fortalecidas por estímulos constantes, o que se dá quando alimentamos a religiosidade em nós por meio de pensamentos de amor, perdão, tolerância, que vão dinamizar essa estrutura psíquica, nos capacitando para a melhor interpretação dos estímulos recebidos.

Quando não conseguimos elaborar conscientemente os estímulos recebidos, tendemos a potencializá-los na forma de sintomas, por isso o choro, a saudade e a angústia sem uma causa visível. Essa influência, como no fenômeno mediúnico, é eminentemente emocional. Processa-se por sensações subjetivas que somente o exercício pode ajudar a interpretar. Lembremos que nossas estruturas cerebrais abrigam mecanismos básicos relacionados ao instinto, mecanismos relacionados à transformação desses mesmos instintos em emoções e sua posterior elaboração cognitiva por meio das estruturas mais recentes de nosso progresso encefálico, que devem transformar essas emoções em sentimentos. O mecanismo da influência psíquica respeita a mesma hierarquia. O ser humano se candidata a uma forma de interação que

TEXTO 3 – A SENSIBILIDADE QUE NOS CARACTERIZA ENQUANTO HUMANIDADE

sempre fez parte de sua base fisiológica mental, mas que, desconhecida, agia inconscientemente sobre nós. Somos, por meio da mediunidade, que não possui religião, pois é um fenômeno de ordem natural, convidados a trabalhar no sentindo de elaborar emocionalmente, e mesmo cognitivamente, em um porvir da humanidade, essas interações que parecem se tornar mais evidentes no momento presente. Alimentando o altruísmo, fortalecemos as conexões do córtex pré-frontal com vistas a sua otimização, ainda tão distante, e nos candidatamos a uma melhor elaboração das informações que nos chegam ininterruptamente.

Quando nos falta o controle desses impulsos instintivos, que dizem respeito aos nossos comportamentos mais primários, como alimentação (fome), sexualidade, sono e agressividade, enraizados no centro das estruturas cerebrais humanas, tendemos a manifestar as influências recebidas na forma de distúrbios, sem ao menos perceber isso. Temos nossas características comportamentais, neste sentido, dinamizadas pela falta de inibições provenientes do estímulo a uma conduta refletida.

A pessoa pode ter um descontrole comportamental, oscilando entre depressão e euforia, ansiedade e prostração, entretanto, em boa parte das vezes, sem conseguir definir a proveniência do estímulo, ou mesmo com um estímulo em escala muito inferior à proporção que o distúrbio tomou. Jung classificou esse fenômeno com o nome de acausalidade.

Quando essa sensibilidade é mais acentuada, a pessoa tende a dinamizar mais os sintomas. Recebe o estímulo e, por não conseguir dirigi-lo moralmente aos locais mais apropriados para conscientização, culmina por apresentar distúrbios. É isso que caracteriza as obsessões, que são manifestações dessa ordem em mais larga extensão. Por esse motivo, vamos encontrar na biografia de notáveis pensadores e artistas episódios tanto explosivos quanto estranhos, como o caso de Fernando Pessoa. Beethoven, compositor de obras notáveis, capazes de levar plateias ao êxtase, em crises de raiva, destruía quartos de hotel. Camilo Castelo Branco, escritor português, não sabendo como lidar com sua crescente cegueira, optou pela autoagressão, que acabou em suicídio. Há ainda Vincent van Gogh, que decepou a própria orelha.

Esses distúrbios são culpa de alguém?

Jamais. Além de unicamente nossa. Interagimos em sintonia com o que nos deixamos ser e sentir. Se nos esforçarmos por uma mudança íntima, consequentemente mudaremos a ordem das influências que receberemos, harmonizando o processo. O exercício do autoconhecimento é a mais útil ferramenta de que dispomos. Essa sensibilidade, de certa forma, também pode ser classificada na ordem de um fenômeno de intercâmbio mediúnico – isso evidencia a certeza de que, em maior ou menor grau, todos somos propensos a receber estímulos psíquicos. A diferença em questão é que o fenômeno mediúnico age como sintoma, em vez de encontrar espaço para uma apropriação consciente. O progresso indica que, pela progressão moral, nos candidataremos a uma crescente apropriação consciente desses estímulos.

Texto 4
Aspectos espirituais nas crises convulsivas e epilépticas

Os únicos demônios neste mundo são os que perambulam em nossos corações, e é aí que as batalhas devem ser travadas.

(Gandhi)

O estímulo no interior das células nervosas é ocasionado por processo elétrico; já a informação entre neurônios ocorre por meio de processo químico, pela liberação de substâncias denominadas neurotransmissores. A transmissão de informações de uma célula nervosa a outra, a sinapse, ocorre mediante um processo eletroquímico. Há no corpo humano uma infinidade de células que atuam conforme esse modelo.

Quando ocorre uma alteração breve e temporária dos movimentos, da sensibilidade ou da função autonômica causada por uma atividade elétrica anormal no cérebro, temos caracterizada uma convulsão. A convulsão pode ser parcial, se estiver concentrada em um local, ou generalizada, quando atinge amplas áreas de ambos os hemisférios cerebrais.

Em muitas das situações, a causa da convulsão é desconhecida, mas pode ter origem em traumas na cabeça, recentes ou não, lesões durante o parto, abuso de álcool e drogas, tumores e mesmo estímulos sensoriais. Quando essas alterações do funcionamento cerebral não são causadas por febre, drogas ou distúrbios metabólicos e ocorrem frequentemente, temos, então, caracterizada a epilepsia, que é um distúrbio convulsivo recorrente.

O epilético apresenta, com frequência, crises de ausência, nas quais parece desligar para logo retomar a atividade anterior, como se nada houvesse acontecido. Em crises parciais simples, o indivíduo pode experimentar sensações estranhas, como distorções de percepção ou movimentos descontrolados de uma parte do corpo. Ocorrendo em diversos graus, seus sintomas podem variar amplamente. Há epiléticos que perdem a consciência e apresentam déficits de memória.

Wilder Penfield, neurocirurgião norte-americano e estudioso da epilepsia, por meio de estímulos elétricos na região cortical, descobriu qual a região que, uma vez atingida pela crise, produzia o que ele chamou de indivíduo autômato – o paciente se apresentava sem vontade própria. Chamou essa região de tronco cerebral superior, diencéfalo, que foi onde sediou a consciência. Confiáveis informações espirituais nos dizem que essa mesma região cerebral tem importante papel na relação espiritual, tanto para que o nosso espírito acione o corpo físico quanto na interação com interferências espirituais diversas que ininterruptamente nos chegam sem que percebamos.

TEXTO 4 – ASPECTOS ESPIRITUAIS NAS CRISES CONVULSIVAS E EPILÉPTICAS

Acredita-se que dois por cento da população mundial sofra com epilepsia. Historicamente, a epilepsia e convulsões, de forma geral, foram relacionadas a questões sagradas. Diferentes culturas em diferentes períodos da história viram na epilepsia um mal sagrado, relacionado a seres celestes ou demoníacos – certamente porque já pressentiam que outras influências estavam conjugadas às crises.

No Evangelho de Lucas, capítulo 9, consta: "Eis que dentre a multidão surgiu um homem dizendo em voz alta: 'Mestre, suplico-te que vejas meu filho, porque é o único. Um espírito dele se apodera, repentinamente, grita e o atira ao solo, convulsiona-o até espumar' [...]".

O psiquiatra Jorge Andréa, em seu livro *Dinâmica Psi*, afirma que existe grande dificuldade em se precisar a origem da epilepsia, porém, ressalta que as questões íntimas têm importante influência sobre a intermitência das crises. Avaliando o perfil psicológico desses pacientes encontram-se fortes tendências à fixação de ideias, que culminam em rigidez comportamental, uma dificuldade de aceitar e se adaptar a mudanças, oscilando com muita facilidade em termos emocionais.

O cardiologista Osvaldo Hely Moreira, no livro *Saúde e Espiritismo*, da Associação Médico-Espírita, aponta que existem quadros epiléticos que são influenciados por ação de obsessores desencarnados, mas que também existem quadros em que não há influência espiritual direta, tendo a crise sempre um ascendente histórico de destaque.

É fundamental que se evite comparar a epilepsia com a necessidade de incluir o doente em grupos mediúnicos. Essa atitude ingênua de muitos espíritas advém da falta de compreensão do que seja a mediunidade, igualmente desconhecendo os conceitos básicos da patologia em questão.

Toda pessoa que sente a influência dos espíritos, em maior ou em menor grau, é considerada mediunicamente sensível. Portanto, todo obsediado é mediunicamente sensível, mas a mediunidade não é uma patologia. É uma condição biológica, assim como ver e ouvir. Não ficamos doentes por ver ou ouvir algo; o problema está em para onde aquelas impressões nos remetem. Precisamos nos concentrar na pessoa, no significado da doença, no que está indo mal, aliar a medicina a uma reestruturação íntima.

O espírito Manoel Philomeno de Miranda, em seu livro Grilhões Partidos, recebido mediunicamente por Divaldo Franco, nos aponta excelente caso para nossa reflexão. Uma jovem chamada Viviane, de vinte anos, sofria com epilepsia generalizada. A epilepsia era idiopática, não apresentando lesão aparente em exame algum. Durante a infância, teve quadros de ausência, parecendo estar "fora do ar". Em seu quadro clínico destacavam-se convulsões generalizadas, seguidas de sonolência profunda, amnésia e cefaleia. Do ponto de vista espiritual, não havia nenhum espírito interferindo no processo. Entretanto, alguns trabalhadores espíritas diagnosticaram que seu caso se tratava de obsessão ou mediunidade a desenvolver, tese bastante ingênua.

Investigando o passado da jovem, encontraram seu envolvimento em situações em que abusara da condição social, do dinheiro e do sexo, e estivera envolvida em homicídio. Em sua última encarnação, o envolvimento homicida lhe trouxe o remorso e, com ele, a instalação de vigoroso complexo de culpa, que, atraindo a ação obsessiva, culminou em doença de ordem mental ainda no corpo físico. Ao desencarnar, esse processo teve seus desdobramentos. Continuou alienada mentalmente e sofrendo a influência obsessiva, e a produção de um reflexo condicionado – André Luiz aborda a tese do

TEXTO 4 – ASPECTOS ESPIRITUAIS NAS CRISES CONVULSIVAS E EPILÉPTICAS

reflexo condicionado como potencializador de profundas alterações psíquicas irradiando-se às estruturas mentais e perispirituais que, consequentemente, vão desaguar no corpo físico – acabou por lesar as estruturas celulares do perispírito.

A reencarnação, funcionando como uma indução à cura, foi acionada para que a paciente sofresse hipnose, na qual seria resguardada pelo esquecimento da falta cometida e auxiliada pelo carinho dos pais e pela ação de técnicos responsáveis pela formação fetal e de nova vestimenta corporal, o que gradualmente minimiza os danos causados pelos pensamentos desequilibrados. Trouxe, então, para nova encarnação, a lesão em nível perispiritual, que não se transportou de imediato para os tecidos corticais, caracterizando uma epilepsia idiopática.

Mesmo que esqueçamos o passado, ele age sobre nós. É o caso das fobias, por exemplo. Ao rememorar o passado, Viviane inconscientemente ativava o mecanismo de defesa a que havia sido condicionada, alterando o padrão elétrico cerebral. Os episódios traumáticos de nossa existência mobilizam maior energia mental, por isso, são de mais difícil esquecimento. Em muitas circunstâncias, trazemos essas lembranças em estado latente em uma nova encarnação; mesmo guardadas fora do alcance de nosso estado de vigília, podem ser inconscientemente mobilizadas. E isso ocorre com frequência quando nos vemos envolvidos em situações que nos façam vivenciar sensações similares às que causaram o trauma, bem como a presença dos espíritos envolvidos em tais episódios.

Estando a doença, de maneira geral, fortemente vinculada ao nosso estado íntimo, quando nos vemos em tais circunstâncias, tendemos a potencializar as crises. Tais crises repercutiam em Viviane por esse mecanismo, fazendo que se repetissem os quadros convulsivos que ela já apresentava quando desencarnada. É importante salientar que, com a reencarnação, os espíritos envolvidos em nossos dramas pessoais tendem a estar ao nosso lado, também reencarnados, e os atritos e as situações que nos fragilizem emocionalmente tendem a oferecer espaço a reincidências dos quadros doentios de maneira geral.

    O espírito Bezerra de Menezes faz alusão ao estado crepuscular – confusão mental, distúrbios da fala –, que pode ocorrer após crises convulsivas, como sendo um forte indicativo de que pode haver nesses casos uma ação espiritual mais direta. Entretanto, seja qual for o caso, devemos aliar os recursos de nossa atual ciência a aspectos que levem em consideração nosso estado interior. O espiritismo demonstra nossa responsabilidade sobre o que nos acontece. Se algo está mal no exterior, é porque intimamente também não estamos bem. Tratando a origem profunda do drama, amenizamos os efeitos de superfície.

Texto 5
Meandros da mediunidade

Inúmeras vezes nos batem à porta criaturas achincalhadas pelas mais diversas dificuldades no campo da sensibilidade mediúnica. Se nos dispomos à entrevista no sentido de averiguar os fatos e circunstâncias por trás desses relatos, na imensa maioria das vezes, somos surpreendidos por questões extravagantes, repletas de incertezas. As excentricidades que encontramos, mesmo entre os adeptos da Doutrina Espírita, são fatores de descrença e distorção da realidade do fenômeno mediúnico.

Das palavras de nossos aturdidos irmãos destacam-se os sonhos, recheados de narrativas veladas, sem coerência e quase sempre interpretados com o objetivo de dar relevância a questões de ordem pessoal. Quantos médiuns não enveredam por esse caminho sinuoso? É necessário, antes de tudo, o conhecimento. Ler, simplesmente, não resolve a questão; é preciso desenvolver senso crítico, mas estar aberto às experiências e oportunas lições que a vivência nos propicia. Descartadas as explicações científicas, muitas vezes se buscando o concurso da medicina, podemos, então, começar a pensar em sinais evidentes de natureza mediúnica.

Entendamos que a mediunidade é um processo perfeitamente natural, apoiada em uma condição biológica predisponente do indivíduo. Se olharmos para o passado, certamente encontraremos fator de hereditariedade no cerne dessa sensibilidade. São genitores e avós que já apresentavam sinais mais ou menos latentes dessas mesmas impressões. O indivíduo fragilizado pode se apresentar sem o perfeito discernimento, ou mesmo com dificuldade para raciocinar com bom senso. Infelizmente, a orientação que temos podido apreender e que a esses casos é dirigida também tem faltado com a adequada lucidez; talvez a preguiça de estudar ou mesmo a visão distorcida dos trabalhadores espíritas empenhados nesse tipo de trabalho estejam pouco embasadas na realidade.

De qualquer forma, a discrição para alguém que se encontra nessa situação é essencial. Não devemos nos expor abertamente a ser avaliados por todo e qualquer indivíduo que surja em nosso caminho. Importante que, em nos sentindo em dúvida, passemos a estudar nossa situação, se possível encontrar alguém que nos passe segurança e com quem possamos falar com clareza sobre aquilo que estamos sentindo. Se estivermos embasados por diminuto esclarecimento que seja, teremos melhores condições de julgar o que ouvimos, evitando cair em contradições. É fundamental que todo esclarecimento nos fale à razão.

Dessa forma, evitaremos a adoção equivocada de medidas que, antes de auxiliar, seriam portas abertas ao incremento de dificuldades. Comumente encontramos aqueles

TEXTO 5 – MEANDROS DA MEDIUNIDADE

que, diante desses quadros aflitivos, afirmam que, sendo problema de mediunidade, se deveria desenvolvê-la. E desde quando existe problema de mediunidade? Quem tem problema é a criatura humana, e a mediunidade é uma forma de esses dramas se manifestarem. Cuide-se do ser humano em aflição e a questão se resolve. Nenhum distúrbio de natureza mediúnica se manifesta no indivíduo equilibrado. Lembremos que mediunidade não é doença.

Na realidade, devemos aprender a lidar com a sensibilidade de que todos, em maior ou menor grau, somos dotados. Isso não significa que devemos, apressadamente, nos colocar em atividade no campo mediúnico. Essa opção somente o tempo nos dirá ser a mais adequada. Para evitar dificuldades, devemos buscar na responsabilidade o equilíbrio que nos fortalecerá e, conhecendo os mecanismos do processo, optar pelo caminho a seguir, de posse do maior número possível de certezas. Desenvolvamos o nosso espírito que, por consequência, estaremos equilibrando a natureza dos contatos espirituais e suas possíveis repercussões.

Para tanto é imprescindível que busquemos na experiência alheia subsídios para melhor nos compreender. Esse fator, aliado ao estudo constante e bem refletido, nos auxiliará fornecendo elementos para que, conscientes de que somos criaturas singulares, possamos partir em busca de obter nossas próprias verdades. Precisamos aprender a regular nossa autocrítica, sem permitir excessos, tampouco relaxando nas avaliações que fazemos de nós mesmos. Somos estimulados a partir da dúvida para a certeza, e não o contrário. Na medida em que nos esclarecemos, tendemos a relegar para segundo plano as questões dúbias e pouco claras. No entanto, se a apreciação estiver embasada no raciocínio crítico, o próprio fenômeno, em si, ganha força, porque o compreendemos.

Trabalhamos com a hipótese de que a informação mediúnica se utiliza das estruturas encefálicas para fornecer narrativa aos dados que chegam da espiritualidade. Para tanto, devemos ter bem claro em nossa concepção que toda criatura encarnada é um espírito agindo sobre o organismo que ajudou a desenvolver quando da gestação. Portanto, somos todos espíritos em relação com um organismo biológico, no caso, o nosso próprio corpo, mas que nos candidata a relações com individualidades distintas. A sensibilidade mediúnica nada tem de estranha, pois está embasada no arcabouço biológico e inclusa nos processos naturais.

Atualmente, na Medicina, discute-se o uso das técnicas de Estimulação Magnética Transcraniana (EMT), em que se aplicando um campo eletromagnético sobre a cabeça do paciente se consegue obter alterações nos padrões de funcionamento das sinapses nervosas. Sabemos que somos criaturas dotadas de constituição bioenergética. É fácil constatar isso quando nos é pedido um eletrocardiograma ou eletroencefalograma, que nada mais são do que a medição desses fatores por meio de instrumentos utilizados pela Medicina. Essa experiência com EMT tem demonstrado que existe a possibilidade de um campo eletromagnético atuar sobre outro, o que condiz com os princípios básicos da física de partículas – o que em nada difere da imposição de mãos, dando margem, a seguir nesse mesmo raciocínio, para procurar entender de que forma os espíritos desencarnados agem sobre nosso organismo.

Até bem pouco tempo atrás, a Medicina dava pouco valor à glândula pineal, pequena estrutura localizada na região central do cérebro, conhecida como diencéfalo. Essa glândula era apontada como tendo funções no despertamento sexual do indivíduo na puberdade, desconsiderando-se sua ascendência sobre o sistema endócrino e complexas relações com o sistema límbico. Acredita-se que essa glândula seja sensível a influências eletromagnéticas, constituindo-se numa importante abertura para as influências de ordem energética e espiritual. Assentadas sobre o tálamo, outra estrutura que pertence ao diencéfalo, encontramos ainda as características comportamentais básicas do ser humano, que por coincidência ou não são as mais afetadas quando dos distúrbios de ordem emocional. Queremos crer que, agindo sobre essas estruturas, o campo eletromagnético do espírito, conforme o teor da informação, influenciaria alterações em nível sináptico. As emoções são atributos da alma e já é conhecido que seus desequilíbrios afetam o organismo nas denominadas doenças psicossomáticas.

Por meio da nossa vontade podemos selecionar os padrões comportamentais que desejamos que constituam nossa conduta. Apoiados no exercício reflexivo e nos esforçando para sempre melhorar nas questões morais, vamos instrumentalizando nossas estruturas cerebrais para que deem novo direcionamento às informações recebidas. Quero crer que seja este o motivo de sermos, pelas mais diferentes tradições filosóficas, estimulados à caridade e ao altruísmo, pois nos capacitaríamos, assim, a transformar as impressões que antes agiam em nós como sintomas em conteúdos conscientes que podemos bem aproveitar, o que ocorre com a manifestação mediúnica bem estruturada.

Não concordamos com aqueles que desejam ver na mediunidade unicamente um canal de comunicação para com as inteligências desencarnadas. Nossa visão se amplia. Compreendemos que, quando da Codificação, definiu-se o vocábulo *médium* como sendo o canal pelo qual se poderia obter um intermediário na produção do fenômeno. Entretanto, a participação do indivíduo encarnado é maior do que se poderia supor em outros tempos, pois depende de seu desenvolvimento a qualificação gradual das comunicações que recebe. E preferimos entender que a sensibilidade mediúnica é uma ferramenta que vem se desenvolvendo na ontogênese da criatura para lhe fornecer estímulos e subsídios ao progresso inadiável.

Por isso não cabe mais no meio espírita, como vemos em abundância, o comportamento competitivo entre profitentes – comportamento esse que é sinal extremo de egoísmo, com base em nossas carências afetivas, traduzindo-se no desejo de utilizar a mediunidade para encontrar admiração no meio em que a exercitamos. É comportamento imaturo desejar chamar a atenção. Aquele que se conduz intimamente com equilíbrio, afastando o ciúme da condição alheia de seus pensamentos, aliando ainda o estudo constante em material que o faça refletir por conta própria, candidata-se a obter maior qualidade em suas interações conscientes e inconscientes no campo da mediunidade. Pobres criaturas equivocadas, que no auge do egoísmo não compreendem que o empenho que empregam para melhorar as afeta diretamente. Algumas vezes, nos incomodamos com o empenho que constatamos em nossos companheiros, sendo os resultados que obtêm, para nós, motivo de insatisfação. É que essa visão contrasta com nossa inércia. Entra em choque com nossa conduta íntima e, sentindo-nos pressionados a também progredir pelo exemplo alheio, preferimos expulsar esses pensamentos por meio da crítica e do desdém. Cada um escolhe o caminho que deseja palmilhar. Como dizia Jesus: "Que ouçam aqueles que têm ouvido para ouvir", apelando sempre para a compreensão.